国際企業の経営行動

Rika Kashiwagi
柏木 理佳
［著］

文眞堂

はしがき

近年，企業を取り巻く環境は，大きく変化している。グローバル化やデジタル変革，AI 化などの技術の進歩とともに企業は多くの対応を迫られている中，消費者の価値観の多様化，働き方改革，また，ガバナンスへの対応も必要になっている。これらの環境の変化に敏速に適応するために，企業は明確な方向性や目標を打ち出す必要があり，持続的に成長するために戦略を立てなければならない。

目的達成のためのシナリオである「経営戦略」に対して，企業は，一度策定したら安心して眺めているだけではなく，外部環境の変化に対して意図的に点検を必要とし，適応させなければならない。

そのため，昨今では，経営戦略にかかわる経営戦略部門が再び注目されているが，企業が保有する経営資源には限りがあるため，選択と集中を考えながら効率よく事業の目的を達成しなければならない。競争優位性があり持続できる分野を選択し，その方法を構築する必要がある。

第 1 章には「企業の経営戦略論」，第 2 章には「企業の海外進出戦略」，第 3 章には「製品開発」，第 4 章には「企業の外部成長・内部成長戦略」，第 5 章には「競争優位とマーケティング：理論と実践」，第 6 章には「企業の組織構造：人的資源管理」とした。

本書の出版にあたり，日本大学名誉教授の菊池敏夫教授，また，文眞堂の前野隆社長，山崎勝徳様にもご尽力いただきました。この場をおかりして，心より感謝申し上げます。

目　次

第1章

企業の経営戦略論

1. 経営戦略とは

経営戦略とは企業が競争的環境の中で生き残るために立てる基本的な方針であると同時に，企業の持続的競争優位を確立するための基本的な考え方でもある。効果的な経営戦略を策定することにより，企業の強みを明確にし，方向性がわかり，従業員の能力を十分に引き出すことが可能になる。

経営戦略の定義，概念としては，①企業の将来の方向性において，一定の指針を与える構想である。②企業と環境との関わり方に注目し，環境適応のパターンに関するものである。③企業の意志決定の指針，決定方法，ルールとしての役割である。などとしている企業が多い。

経営戦略とは「環境適応のパターンを将来志向的に示す構想であり，企業内の人々の意志決定の指針となるもの」[1]というように，企業によって多少の差はあるものの，企業が環境変化に対応しながら戦略的に優位性を維持するための目標を立てることといえる。

2. 企業の経営戦略論

(1) 戦略策定とプロセス

企業の経営戦略において基本的な構成要素はいくつかあるが，全体戦略として，全体ミッションやドメインの策定から，事業間に資源を取り揃える資源化プロセス全体を示すことが必要である。組織経営において，ビジョン（未来像），ミッション（企業理念），バリュー（行動基準）が重要であるが，戦略策定のプロセスとは，これらのミッションやビジョンを実行可能なアクション・プランに落とし込む過程，つまりプロセスのことを指す。このプロセスは一方通行の流れではなく，仮説・検証を繰り返し，実施結果や環境変化に応じて，その都度，戦略の見直しを行うことも大切である。基本的な戦略策定のプロセスは，変化に応じて戦略を見直し，再定義しなくてはならない。中でもミッション・ビジョンは，戦略目標を設定する際の企業の方向性を示すもので重要である。環境分析では取り巻く内外の環境において，競争環境を把握し，目標をたて，実現するために何をすべきかを検討する。事業目標に到達するために事業展開の可能性を探り，戦略ごとに，予想される結果や必要資源，実行難易度，戦略を絞り込む。

そもそも実務的な重要性があるとして生まれたのが「経営戦略」であるが，最初に「戦略」という用語を使ったのは経営史の研究家として知られるアルフレッド・デュポン・チャンドラー（Alfred DuPont Chandler）といわれている[2)]。

チャンドラーは，アメリカの大企業の組織的な変遷において，多角化を進めた企業の分権化と事業部制導入の歴史を分析した。経営分野に導入した経営戦略は，企業はあらゆる分野に参入することは不可能であるため選択的配分が必要であるとし，アメリカを代表する化学企業のデュポン，自動車メーカーのGM，石油関連企業のスタンダード・オイル，小売業のシアーズ・ローバックの調査研究結果から，組織は戦略に従うことを導いた。大企業に成長する過程では，多角化，国際化が必要であり，それらの経営戦略を効率的に成功させるには事業部制が必要であり，また，それらを機能させる本社機能が大事な役割を果たしている。基本的な長期目標や行動指針を定め，組織体制を整備する経緯を描写，職能部門別組織から近代的分権組織としての事業部制組織への移行過程において，需要変動による経営危機に直面した場合の対策としての事業の多角化などの対策を提示した。

一方，チャンドラーのこれらの分析は経営史の観点から経営環境，戦略，組織の関係を明らかにしたものであるが，経営戦略を体系的に整理しようとする試みではなかった。そこで，1979年に，実践的な経営戦略として体系的にし，戦略に従うというのではなく，戦略は組織に従うと提唱したのが「戦略経営の父」と称される，H. イゴール・アンゾフ（H. Igor Ansoff）である。

アンゾフは，企業が組織改革のための戦略を立てても，組織文化が強すぎる場合などは遂行されないと考え，戦略が，組織に従わなければならないという考えを示したのである。アンゾフは，企業が将来にわたり，直面する事業環境の変化を「乱気流（turbulence）」と呼び，それらがもたらす課題に対しての戦略計画の重要性を唱えた[3)]。

アンゾフは，研究所でアメリカ空軍の調達戦略やNATO戦略などに携わり，ロッキード・エアクラフトの経営企画部の副社長から大学教員へ転職，戦略の概念を経営に実践的に応用した。

まず，企業は事業環境の分析から戦略的意思決定実施後，予算や行動計画を定めるべきだと主張した。従来は達成すべき数値を基盤に事業計画を立案し，方策は各部署に任され，数値目標の計画を立て，着実に実行することが経営管理だったが，戦略的意思決定をいつ，どのように行うかのプロセスについては，不明確だった。

アンゾフによると，経営戦略とは，企業は最も魅力的な機会だけに絞るような意思決定ルールによって企業目標の役割を補足することであるとしている。

(2) アンゾフの多角化（製品・市場マトリクス）

中でも，アンゾフは，「製品」と「市場」という軸でわけた製品市場マトリックスで有名だが，戦略の構成要素は，表1-1のようになる。

企業は持続可能な成長を目的に，既存事業の再編の実施，新事業へ進出し多角化することもある。複数の事業を運営する多角化について，アンゾフは，既存製品を既存の市場で販売するのが「市場浸透」とし，既存製品を新市場にて販売するのが「市場開拓」，既存市場に新製品を投入するのが「製品開発」，新市場に新製品を投入するのが「多角化」としている。

表1-1　アンゾフの製品・市場マトリックス

	現在の製品	新製品
現在の市場	市場浸透戦略	製品開発戦略
新規開拓する市場	市場開拓戦略	多角化戦略

出所：Ansoff (1957), pp. 113-124.

アンゾフは「製品・市場分野」「成長ベクトル」「競争優位性」「シナジー」をあげている。

1）市場浸透戦略

表1-1のように，市場浸透は，既存の製品と既存の市場において，シェアを伸ばす戦略である。販売量の増加と新規顧客の獲得が必要である。同じ市場において同じ顧客に対しては，購買頻度を上げるための販売促進，マーケティング活動の実施，さらに競合他社の顧客を奪うための戦略のことをいう。

2）　市場開拓戦略

市場開拓は，従来，販売されてなかった未開拓の新しい国・地域において新規販売することや，既存製品を新規顧客に販売することをいう。

例えば，未開発地域への販売としては，従来は，都市部のみで販売していた自動車を初めて九州地方においても新規開拓地として発売することをいう。

また，新規顧客向けの販売の例としては，従来，子供向けのオムツとして販売していた企業が，品質を改良し，新規顧客として高齢者の介護用向けのオムツとして販売することをいう。

3）　製品開発戦略

製品開発戦略は，既存の市場に新製品を投入する戦略のことで，新機能を付けたり，新しい色，種類を追加した機種や改良された新型機種の販売のことを指す。

例えば，衣類をハンガーにかけたままアイロンをかけることが可能なアイロンスチーマーや，洗濯物を部屋やベランダに干さなくてもすむ乾燥まで可能なドラム式洗濯機などがある。これらは顧客の生活の変化に対応し，新たな価値提案を実現した。

4）　多角化戦略

既存市場や既存製品の経営資源の利用とは別のアプローチとして多角化がある。従来の顧客とは異なる新しい顧客に新しい製品を販売する方法である。

ジェイ・B. バーニー（J. B. Barney）によれば，多角化は，シナジー効果と共同化による経費削減などのメリットなどから種類は以下の3つに分けている。

表1-2　多角化の種類

限定的多角化	複数の事業が同じ業界に所属している多角化のこと
関連多角化	複数の業界・企業で製品・技術・流通を共有，最大事業の比率が70％未満で最大事業が総売上げの70％未満のこと
非関連多角化	最大事業の比率が70％未満で，各事業間で関連がないこと

出所：バーニー（2003），61頁；梶浦編（2016），372頁などを参考に筆者作成。

さらに，バーニーは，多角化の理由を以下の3つにまとめている[4)]。

① 単一の事業の拡大においては，成長に限界があると判断した時に，多角化を実施する。

② 内部留保が予想より増え，資金に余裕がある時に，多角化を実施する。

③ 企業内での事業の拡大と比較し，多角化のほうが有望であり，新規事業の成功により経営の安定化，リスク軽減されると判断した時に，多角化を実行する。

(3) シナジー

市場戦略の構成要素であるシナジーは，企業の資源から，その部分的なものの総計よりも，より大きな結合した力により，結合利益を出すことができる。シナジーとは広く相乗効果という意味で使われるが，ある要素が他の要素と合わさる事で，本来得られる想定以上の成果を得られることが可能になることである。相乗効果によって，全体の効率化が発揮されることになる。

経済学では，「範囲の経済（エコノミー・オブ・スコープ）」と呼ばれることもある。

例えば，世界中の航空会社がアライアンス（提携）を組むことで知名度を上げ，乗り継ぎの利便性を高めるなどの相乗効果が生まれる。自動車メーカーもアライアンスにより，研究・開発や部品調達などにおいて経費削減や販売促進などで利益率が上がり，有利に事業が展開されることなどで使われる。単独で行動するよりも相互の関係によりWIN-WINの関係を構築することができる。

近年は，M&A（合併＆買収）がシナジー効果として注目されているが，売上増加や企業規模の拡大，市場拡大，さらに人材の獲得や企業の安定性などを目的に行われ，激化する市場において，消費者の価値に応じるために，企業が生き残りをかけて新分野に進出する例も増えている。

アンゾフの言うシナジーとしての戦略の構成要素は，資本利益率を構成する要素として，大きく以下の４つに分けられる。

1）販売シナジー

販売シナジーとは，製品及び商品・サービスに対して，共通の流通経路や倉庫の利用，販売管理などにおいて効果をあげている。例えば，複数の企業が共同でまとめて広告を出す場合は，単独での広告プロモーションする場合と比較し，より販売促進効果が得られる。

同じ金額で広告を出してもそれ以上の利益を上げることができることである。

ある事業とある事業を組み合わせることで，たとえ分野が違っていても，相乗効果を出すことができる。

例えば，新宿の小田急鉄道には小田急百貨店があるように，鉄道会社系と百貨店の関係がある。鉄道会社の主要ターミナルには百貨店があるが，電車の乗り換えの際に，百貨店での買い物を促すなどの相乗効果がある。また，百貨店に行く目的のために電車に乗るという効果もある。最近は，買い物すると加算されるポイントの連動などの共同の取り組みをする企業は増えている。共通する消費者がいる場合，共有化により経営のスリム化，コスト削減を可能にする。

新宿駅東口の「ビックロ」は家電とファストファッションの衣類を購入する消費者を合わせ，顧客拡大，購入頻度の増加を目的に「ビックカメラ」と「ユニクロ」が提携し専門店の集合体となった。

2）生産シナジー

生産シナジーとは，施設と人員の高度な活用のことで，企業が単独で生産する場合の工場の光熱費や人件費の経費が，複数の企業が同じ製品を生産することで，生産量も増え，人件費や光熱費の削減にもつながり，総利益が増加する。また，原材料の仕入れを共同ですることで，大量の仕入れが可能になり仕入れ価格を抑制することが可能になる。

また，工場の空きスペースで他社の製品も同時に生産すると賃料も抑制することもできる。

3）投資シナジー

工場生産開始時には，設備投資もかかる。各製品をつくるための機械である金型も必要である。その設備投資に莫大な資金が必要となるため，共同で出資したり，共同使用などによりコスト削減が可能になる。

例えば，製品に必要な原材料を複数の企業で共同購買することで，大量購入の割引が適用され，コスト削減を図ることができる。

また，アマゾンなど宅配業者や出版社などは巨大なスペースの倉庫を保有する必要があるが，共同で倉庫，在庫の管理を行うことで，設備投資，賃貸料，人件費，管理費も削減できる。

工場以外でも初期段階の設備投資にはオフィス賃貸料の敷金礼金，また

PCや業務用の電話や机などの購入費用，秘書などの雇用にも支出が増えるため，初期段階で最低限の支出にとどめるため共同オフィスを借りる個人事業主も打増えている。

4）マネジメントシナジー

マネジメントシナジーとは企業のマネジメント，経営管理に対する全体的なシナジー効果のことを指す。新規分野への参入はリスクもあるため，M&Aにより，企業間の市場の拡大が可能になる。未開拓分野に進出し運営方法が明らかでない企業は，M&Aにより市場に開拓済みで経験のある企業に運営販売方法を任せたほうが効率よく運営が可能になり，また経費削減になる。

また，事業の承継により繰越欠損金や債務の引継ぎなどにより節税効果もあり，同時に運営においてもシナジー効果が期待できる。

シナジーとは，旧製品と市場，新製品と市場との相乗効果であり，両者の間で技術，流通販路などに共通要素があり，共同利用可能な時に発生し，後に範囲の経済として定式化された。

相互補完的な上記の構成要素を戦略の決定原理という観点からみると，企業が現時点で保有している技能，資源の特徴など成長方式の決定という点も重要である。

表1-3　戦略の構成要素

製品・市場分野	自社の製品と市場のニーズから進出分野を明らかにすること
成長ベクトル	成長させる分野を考え出すこと
シナジー	新分野に進出することによって得られる相乗効果
競争優位性	競争上，他社より優れている点

出所：庭本・藤井編（2008），86頁などを参考に筆者作成。

(4) ドメイン

チャールズ・W.ホファーとダン・シェンデル（C. W. Hofer and D. Schendel）によると，経営戦略には次の4つの構成要素があるとしているが，それらは「ドメイン」「資源展開」「競争優位性」「シナジー」である。

「シナジー」については，アンゾフの例で前述したので，次にドメインについて述べる。

経営戦略の中核をなすドメインの定義としては，様々であるが，主に，上記のホファーとシェンデルと加護野また伝統的な定義に現在のD. エーベル（D. Abell）がある。

第一にホファーとシェンデルは，組織の現在と予定した環境との相互作用の程度のことで，事業の領域のことであり，それらを組織のドメインとしている[5)]。

第二に，加護野忠男によるとドメインとは生存領域のことであり，現在から将来にかけて，事業はいかにあるべきかを決定することであるとしている。企業の環境適応の長期的構図を描き，経営戦略の他の決定の基礎となるとしている。従って，ドメインの定義は，「戦略の決定のための戦略空間を決めること」としている[6)]。

第三に，伝統的な定義としては，製品をベースにしている物理的定義や市場と基本的な需要に関連させて事業を定義する機能的定義や地理的，人口統計的，購買行動などの市場によって顧客層を細分化した「市場」と製品及び商品・サービスの根源となる企業がもつ能力や資源の「技術」の二次元で定義する二次元的定義もある。

また，最近では，顧客や顧客機能，技術の三次元事業を規定したエーベルもいる。エーベルの場合は，年齢，性別など同一性に区分された「顧客層」，製品及び商品・サービスが満たす需要である顧客に何を提供するかという「顧客機能」，コアコンピテンシーと同様に企業の能力，資源である自社がどのような技術を提供するかという「技術・ノウハウ」の三次元事業を規定している。

各次元の「広がり」と「差別化」などにより，ドメインの再定義の基盤にして定義にしている。ドメインは領域であり，企業の環境に適応しながら将来の基礎となるものと整理できるとしている。

ホファーとシェンデルは，経営戦略を「組織がその目的を達成する方法を示すような現在ならびに予定した資源展開と環境との相互作用の基本的パターン」と定義，いかなる企業戦略においてドメインであるコアとなる事業の領域の決定をし，その後「資源展開」「競争優位性」さらに「シナジー」という4要素が必要だとしている。その「資源展開」とは，企業が長期目標を達成し，その存続，発展を図るための人的資源，物的資源，資金的資源，情報的資源は，企業がドメインの決定や資源展開のパターンにおいて，ライバル競合他社に対して，自社が競争上，優位な地位を確立することを意味している。シナジーとは企業のドメイン決定や資源展開から得られる相乗効果を指している。

とりわけ，強調しているのは，「資源展開」である。資源展開という基本的な要素がなければ，次のステップである差別化されることもなく競争優位性も生まれない。また，その相乗効果になるシナジー効果も生まれない。中核事業であるドメインにおいて必要な経営資源を蓄積して，選択的に配分しなければ競争的に優位な地位を確立する必要がある。その蓄積と選択された配分に関係するのが資源展開戦略である。ドメインでの経営目標達成には，必要な資源の蓄積がある。企業は，内部開発により技術力を高め，ドメインである得意な事業領域と，また，その関連性の高い領域において多角化を展開する。また，経営資源の活用によりシナジー効果を発揮して，競争優位を確立している。

このような経営資源の概念は，イギリスの経済学者E. T.ペンローズ（Edith Tilton Penrose）が，これを経営資源と呼び，企業の成長に限界がくるのは，物理的制約からではなく，経営資源が相対的に不足するからとしている[7)]。

つまり，企業が成長するためには，資本や労働者が必要となり，それらの経営資源をうまく活用することで成長する。しかし，すでに大きくなった企業をより成長させるには，より多くの経営能力や管理能力，資金調達力が，さらに高度なレベルで必要になる。

3．全社戦略と事業戦略

(1) 経営理念

企業が経営を行うために必要な概念には，経営理念，ビジョンなどがある。これらにより従業員の方向性や考え方を導くことができる効果があり，外部の取引先や投資家などにも企業の基本的な価値観を示すことができる。例えば，各企業の公式ホームページをみると，その企業におけるビジョンや企業理念または経営理念などがある。特に企業理念は重要であり，その企業の創業者や社長の哲学，信念，方向性がわかり，経営者が代わり，代々引き継がれる時に進むべき方向がぶれるのを避けることが可能になる。

ピーター・F. ドラッカー（Peter F. Drucker）は，*Managing in the Next Society*（2012）において「In the Next Society, the biggest challenge for the large company-especially for the multinational-may be its social legitimacy: its values, its mission, its vision」と述べている[8)]。

未来の社会においては，大企業，特に多国籍企業にとって，社会的正当性は，バリュー，ミッション，ビジョンであるとしている。つまり，CSR などが問われている中で，企業が自社に対して，どのような意義を持ち方向づけるのか礎となり重要なものである。

経営戦略は「全社戦略」「事業戦略」の2つに分けられている。

企業には，多くの部署があり，経営陣はそれらをまとめる役割がある。戦略も会社の全体を視野に入れてまとめる全社戦略とそれぞれの部署ごとでまとめる事業戦略がある。

(2) 全社戦略（Corporate Strategy）

全社戦略とは，主に企業全体が向かう方向性を示すためのものである。企業倫理など会社全体のミッションやビジョンが明示され，それにあわせた戦略が立てられている。各事業戦略に落とし込まれるが，方向性が違うと全体として集約不可能になる。従って，常に，全従業員をまとめる明確なビジョンを示す必要である。全体を支持するため，内容は主に経営陣が決定し，全事業のポートフォリオやソース配分が決定されるが，トップダウンではなく，双方向の動きと捉え，逆に事業戦略をもとに全社戦略へと反映される場合もある。

全社戦略について，さらに議論すると，全社戦略は，組織全体が長期的，代々引き継がれることを目的とした戦略，永続に向けた各種の取り組みを扱うことを目的としているといえる。より全体的に高いレベルで持続的な競争上の優位性を確立するための方針を考える戦略である。

これまでの主な論点は，企業がどの事業領域（事業ドメイン）で戦うのか，また，どのような事業の組み合わせ（事業ポートフォリオ）を持つことができて，どのように持てる資源を配分するかを選定することである。

(3) 事業戦略（Business Strategy）

主に単一事業における事業拡大や競合との競争を扱うことを示しているのが全社戦略であるのに対して，事業戦略は，各事業において，各事業における戦略のことをいう。個別の事業に対する事業戦略や多角化戦略やニッチ戦略もある。

普遍的なこれらの基本的理論について，経営戦略に従い確認すると，全社戦略と事業戦略は，相互に調整され作成されていく段階にて全社戦略から事業戦略へと上から下に進む。経営理念など全社戦略が決定し策定された後，下の各事業戦略に浸透する。一方，各事業にて戦略を策定した後，全社戦略と上手く適合されない場合，下から上，全社戦略へ戻り，調整し普及することもある。全社戦略が変更されると，各事業部所にも影響を与え，戦略も変更する可能性が大きい。このように相互に影響を与えることで，循環して双方向的なプロセスとなる。

4．競争戦略

アメリカの経済学者のマイケル・E. ポーター（Michael E. Porter）は，

競争戦略として3つの基本戦略があるとしている。ポーターは，プリンストン大学工学部航空機械工学科卒業後，ハーバード大学ビジネススクール修士課程MBA修了後，ハーバード大学経済学博士号取得し，当時，史上最も若くして教授となった。企業戦略や国際競争など，競争戦略に関する研究の第一人者で，アメリカの多くの企業の戦略アドバイザーを務めながら，ファイブフォース分析やバリュー・チェーンなどの競争戦略手法を提供した。特に代表的著書である *Competitive Strategy*（1980）が有名である。日本では『競争の戦略』（マイケル・E・ポーター著，土岐坤・服部照夫・中辻万治訳，ダイヤモンド社，1995年）が発行された。

ポーターの3つの基本戦略とは，「コストリーダーシップ戦略」「差別化戦略」「集中戦略」である。企業が所属する業界において，企業はどのような立ち位置，ポジションにあるのかを分析し，どのようにして競争優位を築き示すための競争戦略である。

(1) コストリーダーシップ戦略

コストリーダーシップ戦略とは，一時的な大安売りやSALEなどは含まずに，その業界において，幅広い顧客を対象に，競合他社よりも安価に製品及び商品・サービスを提供することで競争優位性を構築する戦略である。経験曲線効果と規模の経済によるコストにおいて優位性を持つ戦略である。

一方，安い製品及び商品・サービスの提供を実現化するためには，経費削減，原材料，人件費の抑制することが必要になる。コストリーダーシップ戦略には，最新の技術設備に変更するなど設備投資が必要ともいえる。例えば，初期の段階で人件費削減のためにIT化が必要になり，また，製造ラインを効率化するための設備投資が必要になる。大規模な人的管理の改革を伴うこともある。製品及び商品・サービス提供前の生産段階にかかる費用を大きく引き下げて始めて低価格の製品及び商品・サービスを販売・提供することが可能になる。製造過程だけでなく，海外からの低価格な原材料の調達など製品及び商品・サービスの提供に至るまでの価値連鎖が一体となって費用を下げる必要がある。

コストリーダーシップ戦略を実行する企業は，低コストの部分に競争優位性を求めることになる一方，他社に先駆けて先行投資し，先行者の特権を活かして顧客を拡大することで利益を出し，低価格の維持が可能になり，競争優位性を確保することができる。ファミリーレストランのサイゼリヤやマクドナルドなどがその例にあたる。

(2) 差別化

ポーターの3つの基本戦略の「コストリーダーシップ戦略」について説明したが，次に「差別化戦略」を説明する。

コストリーダーシップ戦略が「同じような製品及び商品・サービスの提供において，少しでも安く販売・提供すれば競争優位になる」という考え方であるのに対して，「差別化」では，高価格でもサービスの充実，高品質であるなどの付加価値がある製品及び商品・サービスを販売・提供できれば競争優位になる」という考え方になる。

競合他社より付加価値をつけた分，割高な価格で製品及び商品・サービスを提供することをいう。ポーターのいう差別化は価格を維持，または価格を上げることを目的としている。

業界にて幅広い顧客を対象に，競合他社とは異なる製品及び商品・サービスを提供し，差別化を実現することで競争優位を築く戦略である。

例えば，低コストでの提供がファミリーレストランのサイゼリヤなら，ドリンクバーをやめて高サービス提供の差別化を提供しているのがロイヤルホストである。マクドナルドに対してモスバーガー，ドトールなどに対してスターバックスなどもある。

顧客の対象は，低価格で購入する広い範囲がコストリーダーシップ戦略であるが，高価格での付加価値のある販売・提供の差別化戦略では特定の顧客にターゲットを絞り込む必要がある。経営資源を集中させて競争優位を構築する戦略となる。

(3) 集中戦略

ポーターの３つの基本戦略の「コストリーダーシップ戦略」と「差別化戦略」を説明したが，最後に「集中戦略」を説明する。

「集中戦略」は，特定の顧客・特定の製品の種類あるいは特定の地域へ資源を集中させ市場を細分化することで特定の顧客層に絞り込み差別化する戦略である。特定の流通チャネルなどに集中することも含む。

「コストリーダーシップ戦略」は，事業コストを低く押さえることで，その業界で安く製品及び商品・サービスを提供し優位性を構築する戦略である。「差別化戦略」は，逆に，高い製品及び商品・サービスを提供するが，付加価値があり顧客満足度を高める価値向上を目的としている。これらの２つは競争優位性を確立するためにとても重要な戦略ではあるが，これらの戦略の中間として，特定の分野，対象者や地域，製品に集中する「集中戦略」がある。

例えば，北海道産チーズやワインを購入した北海道出身者グループなどの特定のセグメント対象者に絞り先行予約などのサービスを提供することで優位性を確立することである。

市場全体を対象にせずに，細分化した市場で差別化した集中戦略を構築するが，一部の特定の顧客に競争範囲を限定することで，競争優位を目指すことを指す。

集中戦略は，安価格で提供する戦略や差別化戦略にも当てはまることがある。つまり，「コストリーダーシップ戦略」「差別化戦略」のいずれかにも分類され，「コストリーダーシップ戦略＋集中戦略」と「差別化戦略＋集中戦略」という分け方にもなる。特に，経営資源が少ない中小企業には，この戦略が有効で，ニッチ産業においてトップになることが可能になる。例えば，

表 1-4　ポーターの３つの基本戦略

対象者	戦略	戦略
広い	コストリーダーシップ戦略	差別化戦略
狭い	集中戦略＋コストリーダーシップ戦略	集中戦略＋差別化戦略

出所：Hitt (2014), pp. 112-126 などを参考に筆者作成。

ナチュラルローソンなど多少高めでも自然にこだわる人を対象にしている。

集中戦略とは，特定のターゲットに絞り込むことで，競合他社より効果的に製品及び商品・サービスを提供でき，顧客満足度を上げ，リピート客を維持できる。

一方，価格が高くなり過ぎると，特定の顧客でも新規参入した競合他社に奪われる懸念がある。また，集中しすぎた小さいターゲット対象者が外部環境により減少し市場規模が縮小しすぎて採算が合わなくなる。例えばアレルギー対象者向けに食品を開発，販売しても，その対象者の人口減少や他の方法によりアレルギーが改善する方法がわかり，その商品を買わなくなる恐れもある。

製品及び商品・サービス，特定の顧客，流通チャンネルに特化した「差別化」，または「コスト集中戦略」などに対して，自社の経営資源を新製品及び商品・サービス，新市場の組み合わせで新分野へ参入，事業の拡張を目指すのが多角化戦略である。既存事業の技術やマーケティングにより，①水平型多角化戦略，②垂直型多角化戦略，③集中型多角化戦略，④集成型多角化戦略の４つに分類することができる。

5．SWOT 分析

経営戦略における SWOT 分析とは，企業が，目標達成のために意思決定において，外部環境や内部環境を「強み」「弱み」「機会」「脅威」の４つのカテゴリーで要因分析し，事業環境の変化に対応した経営資源の最適活用を図る方法である。

STRENGTH（強み）とは，目標達成に貢献する企業内部の特質を指し，WEAK（弱み）とは目標達成の障害となる企業内部の特質，OPPORTUNITY（機会）とは目標達成のチャンス，追い風になる。THREAT（脅威）とは，目標達成の障害となる外部の特質である。SWOT 分析のマトリックスの軸は，縦軸が「内部環境」「外部環境」で，コントロール可能なものを内部環境，コントロールできないのを外部環境とする。例えば，人口動態やマクロ経済，技術的要因，政治，政策，法律の変化，社会，文化などが環境要因で，顧客，競合他社，流通業者，供給業者を分析するミクロ経済が内部環境となる。これらの変化に対応するために，チャンス機会や脅威を見極めるのがSWOT分析である。

注

1）菊池・櫻井・田尾・城田編（2018），65頁；石井・奥村・加護野・野中（2000），2頁。
2）Chandler（1962），邦訳。
3）Ansoff（1965），邦訳。
4）Barney（2013），邦訳61頁；梶浦編（2016），372頁など。
5）Hofer and Schendel（1978），邦訳30頁；菊池・櫻井・田尾・城田編（2018），第4章，69頁。
6）石井・加護野・奥村・野中（2000），2頁；菊池・櫻井・田尾・城田編（2018），第4章，69頁。
7）Penrose（1959），邦訳；石井・奥村・加護野・野中（2000）。
8）Drucker（2012）のp. 201において述べている。翻訳本は『ネクスト・ソサエティ』（上田惇生訳，ダイヤモンド社，2002年）がある。

参考文献

Ansoff, H. I.（1965）, *Corporate strategy*, McGraw-Hill.（広田寿亮訳『企業戦略論』産業能率短期大学出版部，1969年。）
Ansoff, H. I.（1957）, "Strategies for Diversification," *Harvard Business Review*, Sep.-Oct.
Barney, Jay B.（2013）, *Gaining and Sustaining Competitive Advantage*, 4e, Pearson.（岡田正大訳『企業戦略論（下）』ダイヤモンド社，2003年。）
Chandler, A. D., Jr.（1962）, *Strategy and structure: Chapters in the history of the American industrial enterprise*, The MIT Press.（三菱経済研究所訳『経営戦略と組織：米国企業の事業部制成立史』実業之日本社，1967年。）
Drucker, Peter F.（2012）, *Managing in the Next Society*, Truman Talley Books St. Martin's Press.（上田惇生訳『ネクスト・ソサエティ』ダイヤモンド社，2002年。）
Hitt, M. A., R. D. Ireland and R. E. Hoskisson（2014）, *Strategic Management*, 11e CENGAGE Learning.
Hofer, C. W. and D. E. Schendel（1978）, *Strategy Formulation: Analytical Concepts*, West Publishing.（奥村昭博・榊原清則・野中郁次郎共訳『戦略策定：その理論と手法』千倉書房，1981年。）
Penrose, Edith Tilton（1959）, *The Theory of the Growth of the Firm*, Blackwell.（末松玄六訳『会社成長の理論』ダイヤモンド社，1962年。）
Porter, Michael E.（1990）, *Competitive advantage of Nations*, New York: Free Press.
Porter, Michael E.（1985）, *Competitive Advantage*, New York: Free Press.
Porter, Michael E.（1982）, *Case in Competitive Strategy*, New York: Free Press.
Porter, Michael E.（1980）, *Competitive Strategy*, New York: Free Press.
石井淳蔵・奥村昭博・加護野忠男・野中郁次郎（2000）『経営戦略論　新版』有斐閣。
井上善海・大杉奉代・森宗一（2015）『経営戦略入門』中央経済社。
梶浦雅己編著（2014）『はじめて学ぶ人のためのグローバル・ビジネス（改訂新版）』文眞堂。

菊池敏夫・櫻井克彦・田尾雅夫・城田吉孝編，新川本・日隈信夫・高橋真・藤波大三郎・加藤里美・小野琢・江尻行男・田中正秀著（2018）『現代の経営学』税務経理協会。
デレク・F. エーベル著，石井淳蔵訳（2012）『新訳・事業の定義』碩学舎。
庭本佳和・藤井一弘編著（2008）『経営を動かす』文眞堂。
マイケル・A. ヒット，R. デュエーン・アイルランド，ロバート・E. ホスキソン著，久原正治・横山寛美監訳（2014）『戦略経営論（改訂新版）』同友館。
マイケル・E. ポーター著，竹内弘高監訳（2018）『競争の戦略Ⅱ　新版』ダイヤモンド社。
マイケル・E. ポーター著，土岐坤・服部照夫・中辻万治訳（1995）『競争の戦略』ダイヤモンド社。
マイケル・E. ポーター著，土岐坤・服部照夫・中辻万治訳（1995）『競争の戦略Ⅱ』ダイヤモンド社。
P. F. ドラッカー HBR 全論文『ハーバード・ビジネス・レビュー』2010年6月号，第35巻第6号。

第2章

企業の海外進出戦略

1．諸外国と比較した日本企業の対外投資戦略

(1) 日本の対外投資の特徴

少子化，人口減少により日本市場の拡大が期待できない中，海外進出を戦略とする日本企業が増えている。

先進国の企業が海外に進出する目的は，主に①購買者のマーケットである市場の拡大，②安い人件費，③安い家賃，④為替リスクの回避などがある。

しかし，中国の場合は，①ブランド力の構築，②技術力の向上，③グローバル企業の育成，④貿易摩擦の回避，⑤人民元切り上げへの対策，⑥国内の過剰投資の解消などである。

ところが，金額ベースではその目的のほとんどが租税回避地（タックスヘブン）と，資源の獲得のためであり，中国の国有企業が欧米などの石油会社など資源ソースになる企業を買収している。

近年は，中国企業だけでなく，アメリカの多国籍企業なども節税対策のため多額の資金を目的に資金を移動し，問題視されている。ルクセンブルクとオランダ，香港やアイルランド，英領ケイマン諸島などの租税回避地に資金が流れている金額は，世界の海外直接投資（FDI）の４割近くも占めている。

上記のような背景と反グローバル化により世界の対外投資が減少している中，アフリカなどの途上国への対外投資は増加，全体の半分を占めている。

米国，英国，フランスといった欧米諸国だけでなく韓国などでも対内，対外ともに海外直接投資の水準が高まっているが，日本の場合は，双方とも水

準が低く，特に対外が対内を大きく上回っているのが特徴である。

また，途上国に進出している日本企業の目的は主に以下の通りである。

① 道路や鉄道などのインフラの整備のための進出
② 人件費が安いため工場の生産拠点を安い国・地域に移転
③ 貿易，輸出入のための輸送コストが安いなどの地理的要因
④ 製造業以外でも小売業などの日本企業が巨大な市場を求めて進出

特に，近年は，消費の拡大を見込んで人口の多い新興国などに海外子会社を設置している。

日本の直接投資は，対外投資が対内投資を大きく上回っていることが特徴である。対内投資が伸びない理由は，①日本の法人税が高い，②日本企業は独特の組織文化が外国人には馴染みにくい，③多言語を話せる国・地域と異なり英語通じない言語の問題，④人口減少で市場規模の縮小など他国に比べ魅力がないことがあげられる。

一方で対外投資は，日本企業にはかかせない。円高により1980年代後半に企業の海外進出の増加後，バブル崩壊で停滞，金融危機の2008年まで再び拡大後，縮小した。2013年以降は，アベノミクスにより内部留保の増加とともに海外投資が増加したが，2017年，東芝や日本郵政の大型海外企業買収が失敗している。

世界的な対外投資ブームに遅れて日本でも後追いしたのだが，世界と同様に日本も失敗案件が多いことも忘れてはならない。

(2) グローバル・マーケティング戦略

M&Aでの投資案件では，成功例は少ない中，日本企業は日本ブランドをいかして人口の多い中国やインドネシア，インドなどへ市場の拡大を目的に進出している企業が多い。マーケットが飽和状態で人口減少に歯止めがかからない日本では，子供から大学生までの商品・サービス市場が縮小するばかりか若者の消費意欲も低迷している。海外市場において，その販売網を拡大

する戦略を立てるのは必須であり，日本企業の製品及び商品・サービスの展開は欠かせない。

(3) グローバルマーケティングとは

海外で現地の市場を対象としたビジネスにおいて，まず欠かせないのが，企業自身が主体となって行うマーケティングリサーチである。グローバル・マーケティングは，海外市場で勝ち抜くために分析しなければならない必要不可欠な戦略である。

海外進出を狙う企業が，現地のニーズに合った的確なマーケティング戦略を立てる必要がある。日本で爆発的に売れたという実績のある製品及び商品・サービスでも進出した対象国の需要にマッチしていなければ，グローバル経営が失敗する懸念がある。習慣，文化，宗教，嗜好が異なる国や地域の人を対象にするからには，その現地のことを理解し，消費者に需要のあるサービス，商品に変更したり，その広告，販売方法，またマーケティング・チャネルを選定し直す必要がある。

グローバル・マーケティングとは，世界をひとつととらえて，国境を越えたマーケティング戦略を考え，意思決定することであるが，インターネットの普及によって，世界との距離は大幅に縮まり，世界中の人とコミュニケーションをとり，インターネット取引も可能になった。

他方，全企業がビジネス展開方法を理解しているとはいえない。日本で成功した製品及び商品・サービスを世界へと展開し内容を全く変えてしまえば，独自の良さは失われる。グローバル・マーケティング戦略において，企業ごとに，その得意不得意を分析し，自社の強みと日本企業の特徴もいかす必要がある。

2．企業の海外進出戦略

(1) 現地適合化

国籍企業によるグローバル・マーケティングの戦略には，大きく「現地適合化」と「世界標準化」に分けられるが，国際経営論では，世界各国において，基本的に共通の商品・サービスをそのまま販売・提供しても，受け入れられていることを「世界標準化」といい，国や地域ごとにその現地の嗜好を研究し，適合させ，形を変えて販売・提供し受け入れられていることを「現地適合化」と呼ぶ。それぞれに各市場に浸透し成功するには「現地適合化」も「世界標準化」もメリットとデメリットがある。多国籍企業が海外に進出し成功するには，この標準化と適合化のバランスが重要になる。

なお，「現地適合化」には，その場所や範囲によって国別適合化と地域適合化があるが，ここでは国別ととらえる。

文化・習慣も異なり，歴史的背景もあることから，日本企業がアジアの現地に進出しても広告，販売方法などにおいて失敗例も多かった。そのため，現地のことを知り，現地に合わせる，適合化が必要だとされてきた。

例えば，日本で売れている即席麺，即席みそ汁などはそのままでも受け入れられる嗜好の人もいるが，日頃から辛い食品を食べているインド，中国，韓国などで激辛味にするなど，その味の種類やパッケージを，かなり変えて販売していることが多い。

このように「現地適合化」したカップ麺が売れても，商品開発のためのコストがかかるというデメリットがある。しかし，日本のカップ麺のままだと現地の人の嗜好に合わずに市場のマーケットは縮小する。

1）現地適合化の事例

現地適合化の事例は以下のとおりである。

資生堂が中国に進出した際には，現地調査を徹底し，中国の人の肌に合わせた商品を開発，パッケージも赤色に変更し，ビューティーコンサルタントを大量投入，徹底して現地の人の嗜好に合わせた中国専用ブランド「オプレ」を中国全土に普及した。

ファーストリテイリングが展開する「ユニクロ」では，中国式の広告で街頭をジャックするなどプロモーションに注力し，チャネルを拡大した。

マクドナルドでは，シンガポールでは，チキンカツの入った袋に現地のスパイスをまぶして振ることで味付けするシャカシャカチキンや，ジャスミンティーの販売，スペインでは，カップ容器に入ったガスパチョ（冷製スープ）を販売し，ブラジルでは，長方形のアップルパイをバナナにして販売した。

江崎グリコの「プリッツ」には四川料理味，北京ダック味，広東フカヒレスープ味など，現地で好まれる味を開発し，人気商品として定着している。

無印良品は，家が広く，大きなベッドを使用している中東では，小さいシングル用のベッドの販売を辞め，ダブルベッドをシングル用ベッドとして販売した。また，中国では高級ブランドショップが入っているビルの2階に店舗を構えたことで，高級感のあるイメージを普及できた。

トヨタの「カムリ」も中国で販売する時には，高級車を象徴する黒色，内装は革張りにするなど現地適合化に徹した。

2）現地適合化のメリット・デメリット

上記のように現地適合化のためには，現地のニーズに合った製品開発が必要であり，高いコストがかかるデメリットもあるが，現地の顧客満足度を向上させるメリットもある。その他のメリットは，①意思決定が速い。現地のみの判断のため，迅速に対応できる。②現地のニーズに合った製品及び商品・サービスの研究・開発により顧客満足度が高くなる。③需要に適した製

表 2-1　現地適合化のメリット・デメリット

メリット	デメリット
世界ではなく現地だけで決められるため意思決定が速い	製品及び商品・サービス内容を現地化，変更によるブランド力の低下
現地の顧客満足度の向上	特定の現地に特化するため世界に通用しない
現地法人の自主性・自由度が高い	現地法人への依存度が高い
現地法人での独自開発商品	現地適合商品のための研究・開発費が高い
現地の人材確保・育成の柔軟性が高い	現地法人の人材・人脈への依存度が高い
変化への敏速な対応	グローバル化に適用しない

出所：大石編（2017），11頁などを参考に筆者作成。

品及び商品・サービスを提供するためファンが増え市場の拡大が狙える。

(2) 世界標準化

1) 世界標準化のメリット・デメリット

ここまで現地適合化においてメリット・デメリットについて説明した。他方グローバル化により世界中の国・地域において，共通の製品及び商品・サービスが販売・提供され，また，人事評価などの組織システムも共通化させることを「世界標準化」という。

海外で成功をおさめるためには，これまで現地適合化が必要であると述べた。一方，企業は海外に進出するたびに各国・地域にて膨大な研究開発費を支出し，また，製品及び商品・サービスの内容を変更しているため自社のブランド力も低下する。企業は，できるだけ同じ商品・サービス販売，方法を維持し，コストのかからない戦略方法を選択したい。経営管理においてもシステムが各国で変われば，会計管理や研修，昇進のための平等性がなくなり，従業員のモチベーションも下がる。経営組織においても世界で共通化した戦略をとりたい。

2) 世界標準化の事例

コカ・コーラは世界各国，ほぼ同じ味で，同じ瓶やペットボトルを使っており世界標準化にあたる。コカ・コーラでも，各国・地域において，当初はテレビコマーシャルなどで味を普及させるなどのコストがかかっている。

実際には，世界標準化をとろうとしても，それぞれの国・地域で差が発生し，国・地域ごとに個別対応が必要になり，カスタマイズ戦略が必要となる。

例えば，ヤクルトはヤクルトレディの訪問販売を途上国に浸透させ，商品も世界標準化で販売しているが，広告や展開方法は日本と同じではなく，国・地域で方法を変えている。ヤクルトは途上国を中心にBOP（Base of Pyramid：世界の所得別人口構成における最低所得層），PPP（Popularity Positioned Products：低所得者でも手の届く低価格で栄養価の高い製品及び商品・サービス）を対象として，大々的なテレビのコマーシャルより市民レベルでの健康促進活動やスポーツ教室の開催など地域密着型での社会貢献を中心に販売促進させた。

世界標準化は，日本企業では世界規模でシステムの共同化を進めるコニカミノルタや海外拠点のシステムを標準化し，世界共通システムの構築を進めている YKK がある。

また，建設機械大手コマツは，世界標準化として，キャタピラーのグローバル化とコマツウエィが有名だが，コマツは統制対象を絞り込んだことで競争優位力を見出した。アジア市場シェア１位であり，アジア，オセアニア，中南米，中近東，アフリカなどで売上げシェアの７割近くを占めている。燃費向上などの環境対応，安全，IT の活用の３本柱でのダントツ商品の開発としてのキャタピラーの製品化と人的資源，組織管理としてのコマツウェイの展開で成功した。ダントツ商品として，競合他社より特長があり利益率の改善と，競合しない性能への投資を削減，集中と選択により投資を実施してきた。製品ごとに開発機能を持つ「マザー工場」が「チャイルド工場」に責任を負う世界標準化により，世界中の工場で部品リストを共通化，新製品の生産の立ち上げの同時進行が可能になり，工場同士で生産の移転なども容易になった。需要や為替リスクを回避，生産量の平準化が現実化できた。近年は，アフリカ市場の開拓には，東アフリカを対岸のインドと一体のクラス

表 2-2　世界標準化のメリット・デメリット

メリット	デメリット
研究・開発費コスト削減	現地に適合しないと顧客対象者が減る
世界にブランド普及・構築	普及まで広告費がかかる
組織・管理のシステムの簡素化，平等化	現地の文化・習慣に合わないとモチベーションが下がる
規定により意思決定・統治	規定がない場合の意思決定は遅い
報酬制度の平等化でモチベーションが上がる	システム購入などの初期投資
現地の新アイデアが世界で活用	コアなアイデアは採用されない
規格統一でコスト削減	現地の複雑な細部には適用不可能

出所：大石編（2017），11 頁などを参考に筆者作成。

ターとして捉えサプライチェーンや開発の共有化でシステム，人材，輸送代など経費削減を実現化した。

近年，日本企業において，文化的または政治的に近い国や地域を一体化し，クラスター化している企業も増えている。反日感情のある国・地域に関しては，日本からのアプローチではなく，親近感のある近くの海外支社からのアプローチで壁を取り払う方法もある。

(3) 現地適合化と世界標準化の複合化

現地適合化と世界標準化についてその特徴，メリット，デメリットを確認したが，近年では両方を適用している企業が増えている。

各企業の海外進出の戦略方法を標準化と適合化に分けて分析していくと，必ずしもどちらかに分類できないケースも多い。それらの分類の方法では4P（製品政策，価格政策，販売促進政策，チャネル政策）において，その国や地域の市場規模によって異なることもある。

また，世界標準化とコスト削減を進めた企業でも，現地化した商品の追求を深め，開発した結果，結局は世界基準になったという例もある。

例えば，中国に進出した花王が，販売会社制度を導入したが，失敗した。その後，現地企業との提携より自動的に現地適合化になり成功した。任天堂も中国進出したが，単独では日本式ゲームだけの浸透においては失敗を繰り返したため，現地企業のテンセントと提携した。

他にも，様々な日本企業が現地適合化と世界標準化のどちらかに決めるのではなく，両方を適用している例が増えている。

1983年，レビット（T. Levitt）は，全世界がひとつの市場になり同一化し「世界標準化は選択ではなく必然である」と主張した[1)]。トーマス・フリードマン（Thomas L. Friedman）も同じ考えである。

一方，コトラー（P. Kotler）やダグラス（S. Douglas）などは，「各国の市場は多様であり，そのニーズは必ずしも同一化していないため現地適合化は重要である」と主張した。

上記のようにこれまでの国際経営戦略論を大別すると，以下の2つの通りになる。

① 世界標準化：世界市場は均一化したグローバル市場で国際的な差異を無視した戦略論。本社に権限を集中するアプローチ。
② 現地適合化：各国や地域の市場の差異や特殊性にこそ戦略的意味があり，ローカルを大事にする戦略論。権限を現地委譲による現地化アプローチがある。

現地化を否定し世界を監督する本社に権限を集中するアプローチと，権限は現地法人に委譲による現地化アプローチである。

しかし，実際に日本企業が海外に進出し，世界標準をグローバルな規模でとらえると，上記のどちらか一方の戦略だけに固執しすぎると成功しずらい企業も増えてきた。

そこで，上記の2つに対して，両方のハイブリットを考えながら戦略を立てるのがゲマワット（Pankaj Ghemawat）の主張である。その後，ポーター（Michael Porter）や大石芳裕なども標準化と適合化の中間である複合化が現実的であると指摘した。偏りすぎると競争優位を確保できないと主張した。

世界標準化には，コスト節約や世界的なブランド構築，イメージを形成することができ，また，世界基準で組織が管理されているため，現地で優れたアイデアがあれば，世界で取り入れることも可能である。他方，現地適合化においても，世界標準化よりも顧客の満足度が高く，その市場での売上増加は期待できるし，現地特化のため現地の法律の変更に対応可能などの柔軟性もある。近年は，上記の両方の利点を活用し複合化している日本企業が増えている。

しかし，1990年代から2000年代にかけては，Samiee and Roth（1992）やSzymanski（1988）などによる標準化と適合化の経営に与える影響についての研究が増えたが，企業により目的やセグメント対象者なども異なるため，その有効性や戦略や順位は企業により異なる。

3．パンカジ・ゲマワットのCAGE分析

ゲマワットは，レビットやフリードマンのグローバリゼーションに関する主張を「グローバリゼーション津波論」と名付け，「世界はフラットではない」と提唱した。セミ・グローバリゼーションとは，世界は半分くらいしかグローバル化していないという前提で，世界はわずか10%程度しかグローバル化していないとしている。

では，現地では，どのような違いがあるのかをリサーチする必要があるが，これらの大きな差異（Cross-border differences）について，ゲマワットは，差異の度合いを，4つの側面（Dimension）から分析し，統合化した。文化的（Cultural），制度的・政治的（Administrative/political），地理的（Geographical），経済的（Economic）の4つの側面であるが，それぞれの側面の頭文字を使い「CAGEフレームワーク」として提起した。そして，ゲマワットはCAGEを用いて，各国・地域の戦略的差異を認識するよう，その必要性を訴えた。

(1) 文化的差異

文化的差異は，生活習慣や嗜好などで主に食品業界やファッション業界，小売業界に影響を及ぼす。宗教が関連すると慎重に認識する必要がある。習慣には流行も含まれており，流行に敏感な国・地域とそうでないところもある。逆に鉄鋼などの原材料を扱う製造生産関連の製品，電子機器などの製品の生産財は，購入者は主に企業が対象者であるため文化的要素の影響は小さい。

(2) 制度的・政治的差異

政策や国の制度，政策により左右される政治的な差異では，全業界において影響を与える。例えば介護業界への助成金などを減少させたり，IT業界への個人情報の規制強化などのように各業界において政策，制度の変化はあ

りえる。しかし，特に社会福祉制度，インフラや軍事，天然資源，マスコミなどの業界においては国家レベルでの戦略的な制度に左右されやすい。

(3) 地理的差異

地理的差異としては，その国や地域の天候にも関係してくるが，輸送距離・コストなどの要素において，鉄や銅などの原材料となる製品は輸送コストの影響力が大きい。また輸送地域が遠いと，賞味期限のある食品を扱っている企業にも注意が必要である。

(4) 経済的差異

経済的差異としては，賃金が急騰すると，工場などを投資した労働集約的な組立加工において影響を及ぼす。一方で，可処分所得が増えれば，付加価値の高い耐久消費財が売れるようになるため，低所得者向けから中間層，それ以上の層を対象にすることが可能になり市場拡大が期待できる。

このように現地の様々な要素を分析するとともに，その都度，企業は変化に合わせて戦略を立てる必要がある。

アメリカのジャーナリストであるトーマス・フリードマン（Thomas L. Friedman）が2005年に *The World is Flat*（Farrar Straus & Giroux）を

表2-3　パンカジ・ゲマワットのCAGE分析

文化的 (Cultural)	生活習慣や嗜好などで食品業界やファッション業界に影響を及ぼす。
制度的・政治的 (Administrative/political)	社会福祉制度，インフラや軍事，天然資源，マスコミなどの業界においては国家レベルでの戦略的な制度に左右されやすい
地理的 (Geographical)	輸送距離・コストなどの要素において，鉄や銅などの原材料となる製品を扱っている製造業に影響を及ぼす
経済的 (Economic)	賃金の急騰は，労働集約的な組立加工製品の価格に影響を及ぼす。逆に可処分所得が増えれば，付加価値の高い耐久消費財が売れるようになるなど市場拡大が期待できる

出所：ゲマワット（2009），84-91頁などを参考に筆者作成。

発行，日本でも2006年に，『フラット化する世界』（日本経済新聞出版社）が発行された。グローバル化が進み，世界は同一化するという内容だが，これに対して，異議を唱えたのが，ゲマワットである。世界中のそれぞれの国や地域は同じではなく，世界は我々が考えている以上に違いがある。それらを認識，差異や格差が競争優位の源泉となると主張した。

ゲマワットは，インド系アメリカ人の経済学者でグローバル経営戦略，グローバリゼーションの研究家で知られている。彼は，ハーバードビジネススクールを卒業後，20年以上ハーバードビジネスの教授も務めた[2)]。ウォルマート，トヨタ，資生堂ほか，多くの実例を研究しているが，グローバル化に伴い世界，市場，生産もフラット化されるのではなく，今でも各国・地域にて差異が残っているとし，セミ・グローバリゼーションにおいての戦略も解いている。

ゲマワットは，グーグルやウォルマートのロシアでの失敗について，要因をCAGEフレームワークを用いて説いた。文化的差異としての言語の問題，制度的差異としての政策の変化や検閲などの問題，地理的差異としての物理的な問題などである。加えて，経済的差異としての資金決済などの問題点をあげた。

4．現地での戦略順位

(1) 現地適合化から複合化までの戦略順位

上記を背景に，次に，日本企業の海外進出の現地適合化と世界基準，またその中間の複合化について，その戦略順位を述べる。

日本企業が海外に進出して戦略を立てる順番としては，以下の通りである。

第一に日本の製品及び商品・サービスやビジネススタイルを維持したまま他国に適用させてみる。しかし，その日本式のビジネススタイルが現地で受け入れられない場合は，第二に，現地のスタイルを若干取り入れてみる。それでも現地では受け入れられない場合は，第三に，大幅な現地適合化をしてみる。しかし，経費がかかりすぎて継続が困難化になることもある。また，行き過ぎた現地適合化で競合他社に負けて市場に普及しない場合もある。その場合は，第四に，世界標準化と現地適合化の利点だけを採用して複合化してみる。

例えば，セグメントとしてチャンネル構築に対応した日産自動車は，まず日本式を取り入れた。日本では強みだった4S店（新車販売，アフターサービス，部品供給，顧客情報の4つの機能を持つ販売店）を現地の需要に合わせ，都市部は新車販売のみ，地方では修理や部品供給も提供するというように現地適合化させた結果，地方では密着したサービスを展開でき販売チャネルを広げ市場を拡大できた。

前述したヤクルトのようにBOPやPPP，社会貢献などの観点から挑んでいる企業も増加している。

(2) 複合化後のリバースイノベーション

次に，複合化の後は，現地適合化をイノベーションまで高め，それを世界に向けて横展開する（リバースイノベーション）などの戦略の順位で対策を考える必要がある。

リバースイノベーションは，アメリカのGE（ジェネラル・エレクトリック）が中国の農村地域のために低価格のコンパクト超音波診断装置を開発し，インドでは農村向けに携帯型心電計を開発した。中国，インドで成功したが，その後，欧米に戻り，救急車などにも搭載されるようになった。

また，エルメスは中国専用のブランド「上下（シャン・シャ）」を商品化したが，フランスに戻し，フランスでも販売した。このようなリバースイノベーションの成功例は，日本企業では少ないが，今後，増えるだろう。

上記のような手順，方法で試行錯誤しながら現地適合化と世界標準化を選んだり複合化させ，さらにリバースイノベーションなどの戦略を立てることになる。

5．ゲマワットの「さや抜き」

(1) 集約化と現地化のジレンマ

前述したようにゲマワットは，4つに分けたGACE分析から戦略を立てることが有効だとしたが，さらにそれ以上にチャンスに結び付ける戦略として「集約化（Aggregation)」，「現地化（Adaptation)」，「さや抜き(Arbitrage)」に分類している。

集約化と現地化は反対に位置する概念である。多くの国・地域の市場をまとめて集約化し，共通のスタイルの商品・サービスを提供することはコストダウンにつながり，また効率化が進む。

しかし，ローカルな小規模な市場においては需要がなく，システムが適用されていない。結果的にコストがかさばる可能性がある。現地化は各国や地域の対象者向けに研究・開発するため，現地の顧客への需要は高まる一方，開発から管理までのコストが膨大になるジレンマが生じる。

このジレンマを解決するためには，グローバル展開の集約化と現地化をそれぞれどこまで進めるのかがポイントになる。

(2) さや抜きの事例

例えば，フォルクスワーゲン（VW）社が，製品設計の標準化を徹底し，多様なスタイルの商品やブランドの異なる商品の基本となるシャーシやパワートレーンを共通化，販売にも適用したことでトレードオフの克服に取り組んでいる。世界共通のシステムに統一し，ブランドを浸透させながら，システムを統一化し，かつ現地の人材を有効に活用することで抑制を実現している。

上記のように集約化，現地化のどちらも利点をいかして戦略に取り入れる方法の「さや抜き（Arbitration)」は，古典的なグローバル化の原理である。例えば，現地で安価で手に入れたモノを，海外で高価で販売する貿易や，安い労働賃金と賃貸料であるローコスト地域に工場を移転すること，海外国との金利差を利用しての資金運用なども経済的，地理的，制度的なさや抜きという。ロレアルやルイ・ヴィトンなどの化粧品や高級バックなどがそれにあたる。

アップルの iPhone も文化的さや抜きである。工業製品であるがかっこいいライフスタイルのイメージとともに流行させた。さや抜きの強みは，ブランド力のあるオンリーワンの商品であるため，現地コストが最小化できる点にある。アップルでも購買生産販売などのオペレーションや集約化，クラスター化，ローカル化を組み合わせて最適化を図っている。

例えば，重機のコマツは，世界中に工場を建設しているが，生産性や品質を支える製造工程などの開発は，石川県の小松市に集約させている。

武田薬品は，買収した米国バイオベンチャーの研究所に社内の創薬リソースを集約，抗体医薬開発を自社の COE にするためである。

ホンダは，新興国でのシェア向上を目指して集権的であった新車開発体制を主要海外市場に分散させたが，迅速に現地の開発を進めるためである。

現地開発などの独自の価値を世界市場で流通させるさや抜きである。

6．日本企業の目指すグローバル化戦略

世界各国での市場の相違に基づき，意思決定を現地法人に適合させているのが，現地適合化であるが，意思決定権限の多くは，その国の状況に精通している現地法人の支社長などに集中する。その結果，本国の本社機能は低下し，現地法人との関連性，監督機能も低くなり，会社間の信頼関係も弱くなる。従って，国際的な経営資源は分散した状態である。近年，日本企業が中国などの海外の現地法人をモニタリングできずに現地に依存しなければならない状態により，現地法人による不正取引，不祥事が増えている。現地法人との相互依存度，信頼関係を強化するとともにリスク管理体制，監査・監督機能の強化も対策として必要である。

グローバル・マーケティングの基礎として相互依存があるが，一方的に依存した関係では，信頼性は深まらず，また，現地法人の利益獲得のみにとど

まってしまう懸念がある。

日本企業におけるグローバル・マーケティング戦略は，世界的な競争優位を求め，本社が，現地法人や子会社を管理し，相互依存の状態になることが理想である。本社が日本の製品及び商品・サービスの知識やノウハウを提供すると同時に，現地法人からはその国や地域の市場の異質性を学ぶなどの，知識の移転・共有が必要である。本社は，現地法人から情報を得ながら協力し合いながら，競合他社より優位性を求め続けながら有効性を追求する必要がある。知識の移転・共有により，グローバルなシナジー効果が生まれ，それが多国籍企業の競争優位になる。

国際マーケティングの発展段階やその基礎となる国際マーケティングの類型化については，研究者によって捉え方は様々である。

様々な戦略を立てなければならないが，製品戦略においては，進出した国・地域の対象市場の開拓に向けた戦略的な製品及び商品・サービスを決定しなければならない。現地の消費者向けに何を主力に販売することがいいのかを閃絡する。そのためには，現地での対象顧客となるようなセグメント，または年齢，職業，年収，住んでいるエリア，家族構成などから具体的に対象者を明確にするペルソナ方法などにおいて要件を満たす製品及び商品・サービスを決めた後は，その需要がある対象者を絞り，価格，ブランド戦略などを明確にすることが大事である。ターゲット対象者の所得の水準や販売サイクルは短期的か長期的視点での市場開拓なのかを決定し，それに合わせた広告戦略も必要となる。新製品の家電製品を販売したいが，おそらく2年後には，IT 化の促進でもっと優れた製品が登場する懸念がある場合，短期的に完売させなければならない。

また，販路開拓（Route To Market：RTM）においては，現地の流通システムの整備により異なる。発展途上国では露店や商店街，小さいスーパーなどの脇にある小売店や商店が販路として重要であるが，大型店舗が急速に増加し，インターネット販売が既に普及している場所もある。販売網として重要な位置であるこれらの販売流通において，幅広く選択し，プロモーションする必要がある。

サプライチェーン（SCM）の構築においては，価格を安く押させるためには製品，商品を大量生産，供給することが重要になる。サプライチェーンは開発部や調達部，購買部が一体となって最適化を図りコスト削減する必要がある。

一部を世界標準化として，部品共有化や組み立て共有化で生産過程での取り組みが必要となる。クラスター化の手法により，多くの国・地域の市場を束ねて効率的なサプライチェーンの構築を検討することも有効だ。また，サプライヤーを活用することなどで，スペックダウンなしで競争力ある製品の供給が可能になることもある。

さらに，それらの企画・開発・提供が構築されると，組織・管理体制の構築が必要になる。現地の管理職の育成は重要で情報交換，信頼関係を構築しなければ販売網拡大できない。現地法人へのある程度の権限移譲は現地適合化として取り入れ，現地事情に精通した人材による事業展開が期待できるが，同時にリスク管理にも不安が残る。

本社から管理職の人材を送り込む方法をとる日本企業が多いが，現地法人のマネージャーは，昇進できないとモチベーションが下がるため有能な現地人材は来なくなる。現地適合化と世界標準化のジレンマを解決することができず，人事体制においても日本型経営にこだわる日本企業は，現地法人でのこの問題から解決できずにいる。企業の成長戦略には現地管理職との信頼と人材育成，昇進制度が必要である。

注

1）レビットは *The Globalization of Markets* において，グローバリゼーションについて世界の通信技術と輸送技術の発展により，世界の消費者のニーズが同質化しており，世界はひとつになっていると指摘した。

2）1997年に，*Games Businesses Play: Cases and Models*（MIT Press），2005年には *Creating Value Through International Strategy*，2007年には *Redefining Global Strategy; Crossing Borders in a World Where Differences Still Matter*，*Strategy and the Business Landscape*（2009年）などを執筆した。2009年，『コークの味は国ごとに違うべきか』（望月衛訳）が文藝春秋にて翻訳された。

参考文献

大石芳裕編著（2017）『グローバル・マーケティング零』白桃書房。

大石芳裕編，グローバル・マーケティング研究会著（2009）『日本企業のグローバルマーケティング』白桃書房。

大石芳裕編（2009）『日本企業の国際化』文眞堂。

トーマス・フリードマン著，伏見威蕃訳（2006）『フラット化する世界』日本経済新聞出版社。

パンカジ・ゲマワット著，望月衛訳（2009）『コークの味は国ごとに違うべきか』文藝春秋。

フィリップ・コトラー，ヘルマン・カルタジャヤ，イワン・セティアワン著，恩藏直人監訳・藤井清美訳（2017）『コトラーのマーケティング4.0』朝日新聞出版。

本田大和・尾島麻由実・鈴木信一・岩崎雄斗（2013）「わが国対内直接投資の現状と課題」『日本銀行調査統計局』2013年7月31日。

三浦俊彦・丸谷雄一郎・犬飼知徳（2017）『グローバル・マーケティング戦略』有斐閣。

諸上茂登（2007）『国際マーケティング講義』同文舘出版。

諸上茂登・藤沢武史（2004）『グローバル・マーケティング（第2版）』中央経済社。

Aylmer, R. J. (1970), "Who makes marketing decisions in the multinational firm?," *Journal of Marketing*, Vol. 34.

Buzzell, R. D. (1968), "Can you standardize multinational marketing?" *Harvard Business Review*, Nov.-Dec.

Douglas, S. and C. Samuel Craig (2010), "Global marketing strategy: Past, present, and future," *Advances in International Management*, 23.

Friedman, Thomas L. (2005), *The World is Flat*, Farrar Straus & Giroux.

Ghemawat, Pankaj (2009), *Strategy and Business Landscape*, Pearson Education.

Ghemawat, Pankaj (2007), *Redefining Global Strategy: Crossing Borders in a World Where Differences Still Matter*, Harvard Business Review Press.

Ghemawat, Pankaj (1997), *Games Businesses Play: Cases and Models*, MIT Press.

Ghemawat, Panka, Joan E. Ricart-Costa and A. Ariño (eds.) (2005), *Creating Value Through International Strategy*, Palgrave Macmillan.

Kotler, Philip and Kevin Lane Keller (2015), *Marketing Management*, Pearson.

Levitt, T. (1983), "The Globalization of Markets," *Harvard Business Review*, May-June.

Samiee, S. and K. Roth (1992), "The influence of global marketing standardization on performance, " *Journal of Marketing*, 56 (2).

Szymanski, D. M. (1988), "Determinants of selling effectiveness: The importance of declarative knowledge to the personal selling concept," *Journal of Marketing*, 52 (1).

Zou, S. and S. T. Cavusgil (1996), "Global strategy: a review and an integrated conceptual framework," *European Journal of Marketing*, Vol. 30, No. 1.

第3章

製品開発

1．製品ライフサイクルのプロセス

ソニーのウォークマン，携帯電話代わりのPHSや固定電話，瓶の牛乳など製品及び商品は，いつまでも同じ形で維持，普及するわけではなく，時には市場から消滅することもある。その寿命のある製品及び商品・サービスについて，どのタイミングでプロモーションをかけると効率的に販売促進効果がでるのかなどの戦略を立てる必要がある。

まだ知名度のない製品及び商品を新発売する場合は，いつ，誰の購買力を掻き立てる必要があるのか具体的に戦略を立てなければ無駄な宣伝広告費がかかる。

現在，定着している製品・商品でも，その売上の推移は，その時期により変化している。製品，商品は，いつまでも同じ推移で売れ続けることはなく，4つの時期・段階を経過しながら衰退していく。従って，それぞれの段階で企業は様々なチャンスとリスクに直面する。その売り上げに対しての利益も，製品ライフサイクル（PLC：Product Life Cycle）の段階によって上下する。企業は，時期にあわせて，製品のマーケティング戦略を考える必要がある。また，同時に製造過程においても生産量や質の調整などにおいてそれぞれに戦略が必要である。

PLC（製品ライフサイクル）とはマーケティング用語のひとつで，製品が市場に登場してから退場するまで，つまり，導入から衰退までのプロセスのことを言う。それぞれの製品において，この期間における売上と利益の推移，変化に注目したもので，これらの推移をベースに最も適切な戦略を構築することができる。

PLC（製品ライフサイクル）のプロセスは導入期，成長期，成熟期，衰退期の４つに区分される。

図 3-1　PLC（製品ライフサイクル）の４つの段階

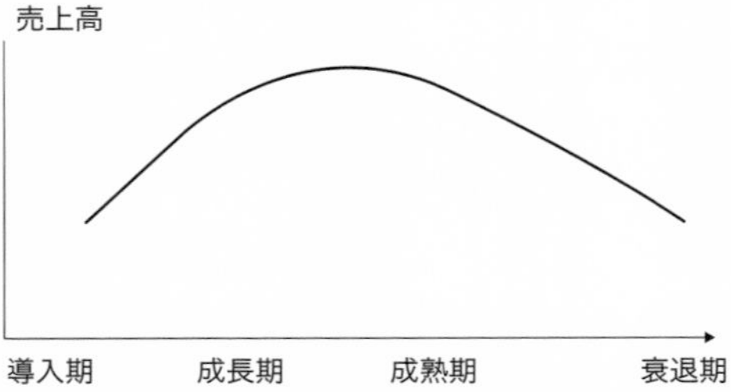

出所：Barney（2013），Figure1 The Product Life Cycle, p. 440 を参考に筆者作成。

その時期は，図 3-1 のように「導入期」「成長期」「成熟期」「衰退期」の４つに区分し売上高，利益の推移を表している。このプロセスは，経営資源の投資や市場からの撤退などの判断において重要な基準になる。

他方，全ての製品・商品がこの製品ライフサイクルを順番通り通過するとは限らない。中には発売後，すぐに爆発的に売れる場合もあり，また衰退期を経験せずに成熟期を維持できることもある。

しかし，多くの企業の製品及び商品・サービスや事業の場合においては，上記のような４つの時期を通っていく。そのため，市場ニーズや自社製品及び商品・サービスの販売による売上推移を製品ライフサイクルで自社事業の状況を客観的に分析することが可能になる。それにより広告費をどのタイミングでかけるのか，今後はどのセグメントを拡大したらいいのかなど売上・利益の最大化を図ることが可能になり，さらなる市場拡大を狙うことができる。ひとつの製品・商品だけでなく，複数の製品・商品を同時に販売している企業は，現在，どこの時期に位置しているのか見極めながら，どの製品・商品に注力したらいいのかなどの決定要因になる。

表 3-1　4つの時期における企業の戦略と消費対象者

時期	導入期	成長期	成熟期	衰退期
競合他社	ほとんどなし	競合他社による似たような製品・商品が増加	競合他社による似たような製品・商品が増えすぎ飽和状態に	減少
戦略	市場への新規参入のためのプロモーション	販路の拡大	差別化	選択と集中，効率化
広告宣伝	知名度アップのための宣伝	大量に生産後，在庫かかえないように，さらなる宣伝広告	他社と差別化したプロモーション	最後に生き残りをかけた製品・商品化，または撤退
生産過程	先行投資，設備投資，増産	効率化した大量生産	ブランドロイヤリティ，付加価値	売上の鈍化にともない調整必要
原価	高め	大量生産により安め	さらに大量生産により安め	生産量の鈍化で生産価格は高めに
単価利益率	生産コスト，販売コストがかかり高め	生産コスト下がり利益率高い	最も利益率が高い，ピーク	価格競争で利益率下がる
販売価格	高め	競合他社の増加により安めに	競合他社が増えすぎて販売価格が下がる	市場が飽和状態で販売価格下がりすぎる
売上	一部の新しいことが好きな層のみ	購入者が増え売上は伸びている	最も売れている時期，ピーク	消費者が飽きて，売上が下がり始める
対象者	Innovators（イノベーター）	Early adopter（アーリーアダプター）	Early Majority（アーリーマジョリティ）+ Late Majority（レイトマジョリティ）	Laggards（ラガード・遅滞層）

出所：Barney (2013)，p. 440 などを参考に筆者作成。

まず，それぞれの4段階の時期において，需要，売上，ターゲットとなる消費者層，さらに競合他社の製品の動きを分析し，以下の通り，企業は戦略をとる必要がある。

(1) 導入期

プロセスの初期段階となる「導入期」は，製品が初めて市場に導入されるタイミングである。この時期は，製品及び商品・サービスにおいての知名度や認知度が低いことから，一般的にまだ需要は少ない。顧客となるターゲットはInnovators（イノベーター）だけであり，消費者に影響を与えるEarly adapter（アーリーアダプター）の層へ進むかどうか，オピニオンリーダーへの普及できるかどうかで，次の発展が決まる。売上はまだ低調であるがライバル競合他社の商品はほとんど見られない。

この導入期では，その認知度にともない製品の売上は，緩やかな上昇傾向となる。一方，この段階では知名度，認知度を高めるための広告，プロモーション活動のための支出が増える。初期段階においては，生産量を増やすなど設備投資のための支出も増え，先行投資の時期となる。同時に，現代ではマーケティング戦略やブランド戦略として，段階的なプロモーションやSNSなどの口コミ評価などへのプロモーションはかかさずにこれらを経なければならない。

(2) 成長期

そして，導入期の時期が経過し，消費者への製品及び商品・サービスの認知度が高まることで，市場ニーズが急激に伸びてくる時期を「成長期」と呼ぶ。顧客となるのは，Early adapter（アーリーアダプター）またはEarly Majority（アーリーマジョリティ）となる時期であり，次の大きな市場であるマジョリティの人の消費者に多くの影響を与え，さらなる市場が拡大する時期である。

一方，ちょうどこの成長期には，競合他社による新規参入商品が増加する時期で類似品が増える時期もある。

市場競争が激化するため，消費者にとっては，安価格で製品を購入することが可能になる。競合他社の製品及び商品・サービスより普及させる目的で，この時期は，導入期よりも多くのプロモーション費の支出が必要とされる時期でもある。

しかし，同時に急激に売上が増加するため，同時に大量生産が可能になり，効率的に製造コストの削減が実現化し，利益率は高くなり，企業はより多くの利益を得ることができる時期になる。

他方，大量に生産した製品が急に売れなくなると在庫をかかえ借金も増えるリスクもあるため，売上が伸びているこの時期は，同時に，企業はすぐに利益につながるような販売戦略をとる時期でもある。

(3) 成熟期

製品が市場に浸透し，需要が一段落する時期を「成熟期」と呼ぶ。消費者には，この製品及び商品に対して少し飽きてきた頃ともいえる。

この成熟期には，売上高・利益ともにピークに達するが，これ以上消費拡大は見込めず，マーケット市場の成長が鈍化していく段階にきている。

参入企業製品との価格競争により利益率が下がるが，それらのライバル製品のおかげで，それなりに市場規模が最大化されてきている。そのため利益率は下がってもそれなりに安定した売り上げと利益はある。

しかし，市場はすでに飽和状態にあり，今後はさらなるターゲットを増やすための戦略が必要となると，同時に製品の質，さらに価格などにおいても競合他社の製品との差別化が必要になってくる。ブランド・イメージ強化やブランド・ロイヤルティ向上に向けたコミュニケーション戦略が不可欠となる。

(4) 衰退期

時間の経過により，消費者の市場ニーズは低下し，売上・利益ともに減少する「衰退期」の時期に入る。

価格競争により利益率が低下しているのに，さらに市場が縮小し，売上も減少し，競合他社の製品も市場から撤退していく。

しかし，同時に，市場規模が縮小しているため，ひとつの製品のみが生き残ることもある。資金がある企業においては，この時期を忍耐する時期ととらえ，競合他社の製品が撤退した後の市場を自社の製品を再度，市場の中心に置くための機会として捉えることもできる。市場から撤退せず製品及び商品の売り上げを伸ばすに製品の改良や戦略を見直し衰退期を回避している製品もある。

また，これまでとは違う新たな消費者をターゲットに，新たに市場を開拓するという戦略もあり，市場シェアを独占できる可能性もある。

2．プロダクト・ポートフォリオ・マネジメント

製品ライフサイクルの成長期・成熟期においては，企業が最も効果的に経営資源を再分配するための分析手法として「プロダクト・ポートフォリオ・マネジメント（PPM）」がある。

プロダクト・ポートフォリオ・マネジメント（PPM）は，図3-2のように縦軸が「市場成長率」，横軸が「市場シェア率」でなっており，これらのマトリクスにより「花形（star）」「問題児（problem child）」「金のなる木（cash cow）」「負け犬（dog）」の4つのエリアに区分される。そのエリアにおいて，現在の製品がどこの位置しているのかを明らかにすることでどのような戦略を立て意思決定したらいいのかの判断基準の助けとなる。

PPM分析とは，縦が市場成長率と横が市場占有率，マーケットシェアの部分においてそれぞれのエリアに企業の製品・サービスを分類し，経営資源の投資配分を判断する。自社の製品及び商品・サービスが競合他社に比較した立ち位置を確認できる。必要な市場成長率は，本年度の市場規模を昨年度の市場規模で割ることにより算出できる。市場シェア（市場占有率）は，売上高を市場規模で割ることにより算出できる。競合他社の売上高や利益率な

図3-2　プロダクト・ポートフォリオ・マネジメントのマトリクス

市場成長率		市場シェアが高い	市場シェアが低い
	高い市場成長率	花形 (Star)	問題児 (Problem Child)
	低い市場成長率	金のなる木 (Cash cow)	負け犬 (Dog)

市場シェア（市場占有率）

出所：菊池編（2018），72頁などを参考に筆者作成。

ども，年報，有価証券報告書に記載されていない場合は，上記の方法で算出し推定できる。

PPM分析は，もともと，ボストン・コンサルティング・グループが1970年代に提唱した経営資源配分の分析手法で，Product Portfolio Managementの略称として，自社製品及び商品・サービスの中で，どの事業にどのくらいの投資をしたらいいのか，また，集中投資する製品及び商品・サービスを決定するのに役立つ。また，不採算事業の撤退する製品及び商品・サービスを決めたり，その撤退の時期も決めるのにも役立つ。

(1) 花形

花形はまさに花形と呼ばれるだけあり，市場成長率もマーケットシェアも高い製品及び商品・サービス，事業のことを指す。市場のシェアが高いため売上も高く利益を出しやすいが，市場成長率も高いために競争が激化している。そのため，後から追い上げる競合他社に抜かれる懸念もある。

(2) 金のなる木

金のなる木は，市場成長率が低いため，新規参入も少ない。そのため競争者はおらず安定している。ライバル商品がないため積極的な投資は必要とされない。マーケットにおけるシェアが高いため安定した利益が出しやすい状態をいう。企業内で多くの製品を扱っている場合，金のなる木に分類される製品や商品及びサービスから得た利益は，花形や問題児の製品，商品及びサービスに配分することが必要である。

(3) 問題児

問題児は，市場成長率が高いが，競争も激化しているエリアで，宣伝広告費や製品の差別化のための積極的な投資が必要とされるが，マーケットシェアが低いために現状では利益が出にくい。もし，市場の売上シェアを高めれば，花形や金のなる木のエリアに移行できる可能性はある。将来性があるため，積極的な投資を，他の事業で得られた利益を，この問題児に振り分けていくことが重要である。

(4) 負け犬

負け犬は，そもそも市場成長率が低いために投資は必要ではない。しかし，マーケットシェアも低いために利益も出ない状態である。成長性にあまり期待できないため，この事業展開を続けるのかどうか，必要なもの，不要なものを整理する必要があり，撤退の対象となる。仮に必要であるならば，花形などの利益をこの負け犬の事業に分けることも必要である。

表 3-2　PPM 分析

タイプ	状況と戦略
花形	市場成長率もマーケットシェアも高い ライバル社が増える懸念に備える
金のなる木	市場成長率が低いが，マーケットシェアは高い 安定した利益があり，投資は不要
問題児	市場成長率が高いが，競争激化，差別化のための積極的な広告宣伝費が必要
負け犬	市場成長率もマーケットシェアも低い 積極的な宣伝広告費などの投資は不要

出所：菊池編（2018)，72 頁などを参考に筆者作成。

3．PPM 分析のメリット・デメリット

PPM 分析のメリットは，企業が，現状の消費者の行動と販売状況に合わせて，戦略立案内容，時期について検討する上で役に立つ。自社の製品及び商品・サービスを競合他社と比較し特長，長所を確認後，アピール戦略方法を考える。従って，企業が自社製品・商品のポジションを確認するだけでなく，競合他社の製品及び商品・サービスの立ち位置も分析が可能である。それにより，今後，どの製品及び商品・サービスを選択し，対象ターゲットを絞り，宣伝広告費の支出範囲を決める。また，ポジションにより自社製品の弱い部分があれば質を高めるための研究・開発などの投資への判断要素になる。

つまり，上記の分析は，経営資源の投資配分などについて優先順位をつけることも可能となり，事業の強化や維持・撤退などの経営の決断が進みやすくなる利点がある。

しかし，一方で，デメリットもある。

PPM分析は，マーケットシェアと売り上げ成長率だけが軸になっている。上記の限定的な情報だけで売り上げ，利益などの財務指標のみを使用し分析を実施するため，多角的な側面をみていないことがあげられる。

例えば，現在は市場に普及しても販売促進効果がなく，ほとんど売れていなくても，来年，関連した行事イベントがあり，売上の急増が期待できるなど企業をとりまく経済状況やイベントなどが考慮されていない。また，競合他社の合弁やM&A，倒産などの事情，生産過程における原材料の効率的な利用やシナジー効果も含まれておらず，新規事業には依存するのはリスクがある。

4．購入者のイノベーター理論

販売している製品及び商品・サービスを受入れる消費者の層は具体的にどんな性格でいつ購入するのか時期などを分析する必要があるが，それには，5つに分けられたイノベーター理論がある。購入者のイノベーター理論とは，1962年に社会学者，エベレット・M.ロジャーズ（Everett M. Rogers）が提唱した。イノベーション普及に関する理論で，商品・サービスを購入するときの新商品購入段階において，順番が早い順に以下の5つに分けた。

(1) イノベーター（Innovators：革新者）

イノベーターは，冒険心がある，新しいものを好み，率先して購入する人で消費者の市場全体の2.5%を占めている。イノベーター理論においては，イノベーター（革新者）は，目新しさを重視する。新しい革新的な製品及び商品・サービスを誰よりも早く購入することに喜びを感じる。

一方，新しさのみを重要視して，品質や中身へのこだわりは強くない。例えば，始めて携帯電話やスマートフォン（スマホ）が登場したときには，利便性や品質など確認するために次に発売される違うメーカーの類似品などを待たずに，いち早く購入する。

(2) アーリーアダプター（Early Adopters：初期採用層）

流行に敏感でありながら，情報収集を自ら行った上で購入の判断をするアーリーアダプターである。イノベーターほど早く購入するわけではないが，事前に調査して購入するため質に対してのこだわりがある。

消費者市場全体の13.5%を占めており，新製品・商品やサービスを購入する理由は，品質の良さやサービスの利点に着目して確認して購入する。事前に調査したことを自らSNSなどの情報を積極的に発信し，次の層であるアーリーマジョリティやレイトマジョリティに対する影響力が大きいため，インフルエンサーなどになる層でもある。

イノベーター理論においては，上記のアーリーアダプターの層に受け入れられるかどうかで勝敗が決まるとされている。市場への浸透に注目の層，カギとなる層である。

(3) アーリーマジョリティ（Early Majority：前期追随層）

アーリーマジョリティは，比較的，慎重派な人の集まりで，平均よりは，早い段階で新しい製品及び商品・サービスを購入する行動をとり，消費者市場全体の34%も占めている。

このアーリーマジョリティは，流行に乗り遅れまいと購入する層で今後の購入者層への影響が強い。そのため消費者の拡大をできるかどうかは，この層にかかっており，市場全体へ浸透する橋渡しとなる「ブリッジピープル」と呼ばれる。

(4) レイトマジョリティ（Late Majority：後期追随層）

レイトマジョリティは，比較的，懐疑的な人が多い層で，周りの多くの人が購入，試した後，購入するためフォロワーズとも呼ばれる。

消費者市場全体の34％を占めており，購入後の感想を周りから聞き，周りの行動を注意深く確認し，多くが受け入れたことを確認後，購入する慎重派が多い層である。

(5) ラガード（Laggards：遅滞層）

ラガードは，最も保守的な人の層で，流行や世の中の動きに関心があまりなく，イノベーションが伝統になるまで購入することはない伝統主義者とも訳され，消費者市場全体の16％も存在している層である。

上記のようにイノベーター理論とは，新製品及び商品を購入する消費者を5つの層に分類することにより，新商品・サービスが期間とともにどのように普及していくのかを分析した理論である。イノベーター理論では，まず，市場に普及するためには，全体の16％の層をターゲットにすることが大事である。早い段階で購入への行動をする，受け入れやすい人たちに浸透できるかどうかで決まるとしている。ラガード（遅滞者）など新しいものは全く受け入れたくない伝統主義者まで対象にしなくても，その前の層までは新商品を購入するよう行動させるように広告プロモーションすることが必要である。

表3-3　購入者のイノベーター理論による5つの分類

購入者のタイプ	全体に占める比率％
Inovator（イノベーター：改革者）	2.5
Early adaptor（アーリーアダプター：初期採用者）	13.5
Early majority（アーリーマジョリティ：前期追随者）	34.0
Late majority（レイト・マジョリティ：後期追随者）	34.0
Laggards（ラガード：遅滞層（遅滞者））	16.0

出所：Barney (2013), p. 440.

上記のようにロジャーズが『イノベーションの普及』にて5つに分類することにより，新商品・サービスである「イノベーション」が市場に普及するのかどうかを分析したが，この通りにいかないケースも増えている。

例えば，イノベーターは，製品商品・サービスの「新しさ」を重視するが，少人数であり影響力は少ない。イノベーターは，その製品が実用的であるか否かにかかわらず，目新しさだけで購入するため，大多数がそれに共感するとも限らない。それに対してアーリーアダプターは，自分で情報収集をする時間が必要であるため，イノベーターより遅れて消費行動をとる。その製品が提供する価値や実用性を目的に購入するため，このオピニオンリーダーとも呼ばれる層に支持されると，市場が拡大する。利益に注目するため，それらが画期的であれば他の消費者に伝える影響力がある。その段階でイノベーターに加えてアーリーアダプターまで普及させることが可能になっている。

一方，アーリーアダプターにとって，満足できない製品及び商品・サービスだった場合，逆に悪影響を及ぼし，次の層の購入意識を下げることになる。新製品及び商品・サービスが普及するかどうかは，アーリーマジョリティやレイトマジョリティまで普及できるかどうかが分岐点であるというのがイノベーター理論である。

5．キャズム（chasm）理論

イノベーター理論に対して，アーリーアダプターとアーリーマジョリティまで簡単に移行せずに，その間には大きな溝（キャズム）があることが，ハイテク産業の分析から確認された。そして，その後は，アーリーアダプターだけでなくアーリーマジョリティに対するマーケティング戦略も重要だとする「キャズム理論」が生まれた。

社会学者であるロジャーズが1962年に提唱したイノベーター理論における「普及率16％の論理」（イノベーターとアーリーアダプターに普及すると急激に市場は拡大する）に対しては反論もあり，イノベーター理論には限界があるとし，次に注目されたのがキャズム理論である。

キャズム理論は，アメリカの組織理論家，経営マーケティング・コンサルタントであるジェフリー・A. ムーア（Geoffrey A. Moore）が提唱した[1)]

キャズム（chasm）を直訳すると「幅の広い割れ目・深い溝」である。イノベーター理論では，市場に浸透にはイノベーターとアーリーアダプターに受け入れられるかどうかがカギであるとされているが，それに対してキャズム理論は，アーリーアダプターの層が購入すれば，すぐにマジョリティの層が購入するわけでなく，その間には大きな溝があることを提唱した。

そのマジョリティに受け入れられるためには新しさよりも，「使いやすさ」「安心感」を提供し，継続的な購入者を確保することが大事である。

イノベーター，アーリーマジョリティの層は購買理由が異なり，キャズムを越えて初期市場からメインストリーム市場に移行するためには，その時に応じてアプローチを変える必要がある。

例えば，新しい製品を打ち出しているアップルのApple Watchも新技術を目的に購入したイノベーター層は多いが，その後，安定性，信頼性を求める他の消費者層へ移行していない。新製品で技術的に優れているが，時計としてのシンプルさや利便性，値段，防水機能などにおいて安定性がなく支持されず，アーリーマジョリティやマジョリティの層へ移行しておらずキャズムを超えられなかった。

電子書籍メーカーが2003年頃から端末の製造，販売を実施していたが，2007年から撤退し始めた。イノベーターは購入したが，端末の価格が高いことに加え，スマホや携帯電話向けの電子書籍市場が普及し実用的なアーリーマジョリティが購入せず，キャズムを超えなかった。

他方，ネスカフェアンバサダーは，バリスタを各企業に訪問，無料提供し，応募者10万人以上のアンバサダーの登録により対面や口コミやSNSを中心にシェアを高めるという目的が達成できた。

つまり，イノベーターとアーリーアダプターは度合いに差はあるが新しさに興味があるが，新しさに興味を持たない大多数のマジョリティの層に関しては，すでに大勢の人が使った後，安心感が出て，初めて購入するとキャズム理論は主張する。

満足したという評価が口コミで広まり，リピート客が増加し売れ続けていることを確認後，マジョリティの層が安心して購入することになる。新しさは飽きられるが，質の高い製品及び商品やサービスは長期的にマジョリティに受け入れられることになる。

6．R&D（研究開発）

R&D（Research and Development：研究開発）とは，企業において特定の対象の製品・商品・サービスにおいて研究や目的に応じた将来的に発展する技術等の開発をすることであり，目的は企業が技術的な優位を得るためである。

科学研究や技術開発などを行う部署や組織のことで，R は Research（研究）で，D は Development（開発）の略である。自社の事業領域に関連する科学分野の研究や新技術の開発，既存技術の改良，新製品開発などを行う業務や部門のことで，特にメーカーや通信会社などの研究所や製品開発部門などを指す。

企業は R&D に資金や人材を投入することにより，新しい製品への新技術の応用が可能になり競合他社より優位性を持つことができる。また，新製品

表 3-4　研究開発のランキング

1位　トヨタ	1兆0,556億円
2位　ホンダ	7,198億円
3位　日産	5,319億円
4位　ソニー	4,681億円
5位　パナソニック	4,498億円
6位　デンソー	3,992億円
7位　東芝	3,609億円
8位　武田薬品	3,459億円
9位　日立	3,289億円
10位　キヤノン	3,285億円

出所：東洋経済オンライン「研究開発費の大きい『トップ300社』はこれだ」（2017年4月7日）より筆者作成。

の特許を取得すれば，特許使用料を得ることもできる。

企業が行う研究開発費用は事業収益の向上を目的としているが，研究開発の上位は，表 3-4 のように 1 位はトヨタ自動車で 1 兆 556 億円，自動車メーカーのうちトヨタだけが 1 兆円を超えており，先端を走るハイブリッド車（HV）関連や燃料電池，自動運転など環境対策などへの研究開発に投じている。2 位はホンダの 7198 億円，3 位は日産自動車の 5319 億円である。その他，電機，製薬などが多い。現在はよく売れている製品があったとしても研究開発費に資金を投入できない企業の場合，将来性がないといえる。

7．R&D（研究・開発）の製品化

人口減少の今，企業が成長し続けていくには，大量生産・大量消費のシステムを見直し，時代の変化に合わせて開発体制，生産体制，販売体制，経営体制を変革，売上減少でも利益を出す戦略が必要であり，その要が技術戦略と生産戦略である。

R&D への投資は，業界別では，自動車，電機・電子業界で約 8%，製薬業界では 20% 前後であり，R&D（研究・開発）と，その R&D のマネジメントの重要性が高まっている。

R&D は，技術探索から技術の選別，組合せ，商品開発，生産方法の確立，製品化，販売において，マネジメント手法として目標管理（MBO：Management by Objective）などとの関係で管理，規律，組織文化を形成する。明確な方向を示すことで，技術ビジョンと技術ドメイン，そして技術ミッションを明確にして，事業計画と統合することは企業が成長を続けるために重要である。戦略的な R&D 投資は単独ではなく効率的な技術マネジメント運営との連携で，時期を逃さず製品開発と市場投入が可能になれば成功に導く。

一方，研究から製品開発，事業化の過程で直面する問題があり，実用化まで行きつかない失敗例も多い。研究から実用化までの期間，実用化から製品化までの期間，製品が市場に出て生き残るための期間，それぞれに壁がある。研究開発から事業化までのプロセスにおいて乗り越えなければならない壁で，技術開発しても製品にならない「魔の川」，開発した製品が埋没させる「死の谷」，開発商品が市場淘汰される「ダーウィンの海」で，以下のとおりである。

表 3-5　R&D の製品化にはばかる３つの壁

	意味	理由	対策
魔の川	製品にならない	研究と開発の方向性が異なる	マーケティングによる開発テーマの明確化
死の谷	製品化できない	製品開発（技術者）と商品開発（企業側）が異なる	技術者とリスク分析の明確化
ダーウィンの海	市場で淘汰	差別化	技術戦略とマーケティングとの整合性

出所：北村（2016）などを参考に筆者作成。

魔の川は，研究開発プロジェクトにおいて，研究から製品化を目指す間に，開発段階へ進めず研究段階だけで終わることで，市場のニーズを把握せず，合わない技術テーマを研究開発していたことに問題がある。技術力を市場のニーズに結び付けなければならない。

一方，技術開発から開発段階へ進んだプロジェクトが，次は事業化段階へ進めず死の谷に行く失敗例も多い。製品化，事業化するということは，生産や流通販売チャネルなど資源投入が大きくなる。商品を製造・販売して最大の売上には，資金や人材などの経営資源を適切に調達することが必要で，技術者と企業側の開発者の方向性が異なると促進できない。

せっかく技術開発から開発段階へ進み製品化しても市場で競合他社の製品に負け，競争優位性を構築できずダーウィンの海に突入してしまうこともある。

(1) MOT

魔の川や死の谷を超えるためには，R&D 部門の研究開発については，マーケティング事業部など他部門と体系的に進め，プロジェクトマネジメントを展開することが有効である。しかし，実際にはR&Dは不確実が大きく，見通しが立ちにくい。研究・開発の内容は多様であるばかりか，研究と開発では目的が異なるためにマネジメントの視点も異なる。企業における研究・開発の役割，研究と開発の差を明確にし，資源配分の状況を把握することの重要性を第一にし，その研究・開発と生産性の評価を客観的にする。R&Dの現場に適応したプロジェクトマネジメント体系をつくり，現場で展開することで，壁を克服できる。

R&Dの生産性の評価，技術を「財」に変えて視る企業におけるR&DマネジメントをMOT（Management of Technology：技術経営），技術戦略という。

MOT（技術戦略）の目的は製品開発力を高めることで，企業における位置づけを行い，さらに，事業ドメインと技術ドメインの概念が重要である。事業ドメインとは企業活動を行う事業展開領域のことで，技術ドメインはR&D活動の領域をいう。事業ドメインの規定，競争領域を明確にし，必要な事業に資源を集中投入でき経営戦略の最適化が図れるようになる。優れた事業ドメインは，技術ドメインが整合しているが，常に見直すことが重要である。技術ドメインを明確化，R&Dの品質・コスト・期間を明確化，R&Dの効果・効率の評価基準の作成，PDCAサイクルの確立が大事である。

(2) R&D（研究開発）プロセス

R&Dプロセスは，事業活動のための価値（Value）をあげるための重要なプロセスである。グローバル化により，不確定要素が増え，容易にR&Dプロセスの成果を事業活動へつなげ成功させることは困難である。R&Dプロセスは不確実性が高いだけでなく，コストや開発期間などを明確に定めることが難しいという課題がある。また，研究開発の内容が物質の模索，技術的な方法論の導出など試行錯誤しなければならない。たとえR&Dプロセスが計画通り成果が得られたとしても，事業化や実用化が実現できなければ，R&Dプロセスとしては失敗ということになる。

プロジェクトプロセス管理の方法としては，ロバート・G.クーパー

(Robert G. Cooper）が提唱したステージゲート法やフェース・レビューで知られるPEACE法，さらにデザイン・レビューがある。

これらの方法は，プロセスの途中段階で所々においてマイルストーンを設置し各段階で評価基準により，R&Dのテーマごとに残すものを選択，徐々に絞っていく方法である。ここでは，ステージゲート法，デザイン・レビューについて説明する。

(3) デザイン・レビュー（DR：Design Review）法

デザインレビュー（DR：Design Review）とは，設計開発活動を見直すことである。研究，設計開発を継続すると，当初の期待通りの品質・納期・コストなどの設計開発の結果を出せるか否か判断する。研究，設計，開発プロセスを段階的に企画・設計完了・量産移行などにおいて，営業，経理，購買，生産管理，品質保証などの部とともに設計品質及び製造品質を検証する。製品の品質やコストは，設計の段階で多くが決まるといわれているが，工程活動をスムーズに実行できるようにするための仕組みでもある。

新製品の開発は，加工，組立，試作テストなどのプロセス段階でトラブルが起きてから対策をとっては開発期間は長期化する。各プロセスの納期遅れの防止のためにも途中段階での定期的な見直しが必要である。製品の仕様，性能，機能は，顧客の需要の維持，安全性，信頼性，危険度，想定される故障，法令，規制などへの対応，環境対応など製造品質において段階的に評価，確認する。製品の設計にムダはないか，標準部材を使っているか，JISなどの標準規格，製造工程や設備の情報，技術力，人的資源などの経過情報の検証は大事であり，リスク削減にも有効である。

(4) ステージゲート（Stage Gate）法

研究開発テーマを管理する手法のステージゲート法とは，研究から開発に至るプロセスを5～6段階の「ステージ」に区切り，そのステージの間に「ゲート」を設置し，段階的評価を実施することである。段階的な評価において期待通りでない場合は，研究開発テーマを絞り込むシステムのことをいう。

ステージゲート法の目的は，研究テーマを明確な基準を用いて段階的に絞り込むことで，無駄な投資の防止である。途中段階での評価基準が不明確だと長期間にわたり支出が増えるばかりである。段階的な確認を怠ると製品化の直前で安全性，知的財産などの面で問題が発覚し製品化が遅れることもある。また，研究期間が長期化し市場環境が変わり，市場の需要が減少し，製品化の必要性が失われたケースもある。従って，ゲートの度に，基準に沿った事前調査，評価で明確にし，また，製品開発のための期間についても工程設計を見直し，生産，調達，企画部門などと協力し連携することで期間の短縮が期待できる。

ステージゲート法は，1986 年にカナダのマックマスター大学のロバート・G・クーパーによって開発され，1987 年に登録商標された。

モトローラ社が採用して開発期間を半分に短縮したことをきっかけに，特にハイテク製造業に普及した。現在では大企業からベンチャーまで，幅広く浸透している。資金が豊富で大学発ベンチャーが多く存在しているアメリカでは，優秀な技術者が多く，多産多死型の研究テーマが多く，ステージゲートの管理はマッチした。しかし，10 年ほど遅れて普及した日本では，研究開発が少なく少産少死型であるため，段階的にテーマに絞り込んでいくと枯渇する懸念もある。

R&D プロセスに関する議論は，プロジェクトプロセス管理についての研究やプラットフォームマネジメントについての研究，P2M 理論の拡張をはかるための研究などがある。R&D プロセスが成功した場合は，株主，顧客の満足度が高まり，内部ビジネスプロセス革新による最新技術の獲得や新製品開発によるコアコンピタンスの獲得ができる。

これらの向上において，企業活動全体をみた組織変革やプロセス革新，企業活動全体から R&D プロセスを確認することができるフレームワークが必要である。

R&D 領域のマネジメント改革が，取り組まれる時代になったものの，苦戦する企業も増えている。背景には，R&D 領域は他の領域に比べてサンプル事例が少なく，また失敗例として周知されづらいことから，他社と同じような失敗をする企業が多いことがある。R&Dの業務は自社の独自の研究開発でもあり公開したくないこともあり，マネジメントの考え方や方法も抽象的なものにとどまっている。

注

1）1991年にムーアが *Crossing the Chasm: Marketing and Selling High-Tech Products to Mainstream Customer*（HarperBusiness; Revised edition）で提唱した。深淵を越えて：主流顧客を対象としたハイテク製品の市場調査と販売について，日本でも2002年に『キャズム』（川俣政治訳，翔泳社）が発売され注目を集めた。初版刊行の1991年以来，ハイテク製品を成功に導くマーケティングの基本的理論として，スタンフォードをはじめとする多くのMBAコースで支持されている。テクノロジーのライフサイクルとその各段階でターゲットとすべき顧客の間に存在する溝（キャズム）を，アップルやパーム・パイロットなどの事例で紹介している。

参考文献

エベレット・ロジャーズ著，三藤利雄訳（2007）『イノベーションの普及』翔泳社。
ジェフリー・A.ムーアー著，川又政治訳（2014）『キャズム2』翔泳社。
加藤勇夫・楓森博・越島一郎（2015）「R&Dプロセスにおける顧客価値の共創」『Journal of the International Association of P2M』Vol. 9，No. 2，203-219頁。
菊池敏夫他編，新川本他著（2018）『現代の経営学』税理経理協会。
北村友博（2016）「企業の成長と事業の継続　生産管理編」『富士通マーケティング　第01回　成長に必要な技術戦略』2016年10月31日。
東洋経済オンライン「研究開発費の大きい『トップ300社』はこれだ」2017年4月7日。
橘高研二（2005）「わが国のM&Aについて（今月の焦点）」『農林中金総合研究所』2005年6月号。
松江英夫・篠原学（2012）『クロスボーダーM&A成功戦略』ダイヤモンド社。
文部科学省科学技術・学術政策研究所「民間企業の経営活動に関する調査・報告2017」2018年7月19日。
D. A.アーカー著，野中郁次郎・北洞忠宏・嶋口充輝・石井淳蔵訳（1986）『戦略市場経営』ダイヤモンド社。
Barney, Jay B. (2013), *Gaining and Sustaining Competitive Advantage*, 4e Pearson.
Cooper, Robert G. (2001), *Winning at New Products*, Basic Books.
Moore, Geoffrey A. (2014), *Crossing the Chasm*, 3rd ed., Collins Business Essentials.

第4章

企業の外部成長・内部成長戦略

1．外部成長戦略：外部経営資源の利用

(1) アライアンスとは

近年，海外展開する企業も増える中，国際的な競争力をつけるためにはアライアンスによる企業間の協力も欠かせない。かつては特にIT・電機・通信・金融など競争が激化している業界においてアライアンス契約が活発化していたが，現在は，多くの業界においてアライアンスが普及している。

企業は新製品・商品の開発において，相互の経費削減や技術の向上のため共同開発の重要性が高まっている。この共同開発は相互に時間短縮，コスト削減など有効な手段で，成功への確率を高めることができる。企業の有効なヒト・モノ・カネの資源は限定的であるため，アライアンスマネジメントをすることで企業価値を最大化することが可能になる。異なる競争優位性を持つ企業が戦略的提携することで，相互の技術面，生産面，販売面などで補完することが可能になる。

「アライアンス（alliance)」とは，直訳すると同盟という意味だが，企業同士の提携の意味で使われている。単なる二社間の協力だけでなく異なる立場や優位性のある企業が集まって協力するというニュアンスも含まれている。大まかには企業同士の提携・協力体制という意味で使われている。

アライアンスとは，複数の企業が互いに経済的なメリットを享受するために，緩やかな協力体制を構築することで使われる。アライアンスは業務提携を組むという意味で使われ，業務提携先の企業をアライアンスパートナーと

呼ぶ。ストラジテックアライアンスは，戦略的提携のことで使われている。アライアンスの業務提携には，その内容や範囲，資本関係など，各契約で異なる。

例えば，航空業界では，各航空会社がアライアンスに加盟し，マイレージのポイントを協力して貯め使うことが可能になり，空港のラウンジも共同で使用できるなど利便性が高くなった。航空会社は，共同運航や空港のラウンジの賃貸料の経費を削減することができる。

アライアンスは，基本的に対等な立場での業務提携を指す。企業における下請け会社と発注会社のような上下関係のある場合の業務提携とは異なる。アライアンスの多くは対等な立場での企業間の業務提携や資本提携のことも含むが，業務提携の場合，複数の企業が技術，販売あるいは営業活動においてパートナーとして協力し，相互の利益につながるようにすることをいう。共同で販売することで，営業活動をする人の人件費や作業の手間など，経費や時間の削減が可能になるメリットがある。

一方，資本提携は，企業間で株式を相互に保有することをいうが，お互いに経営支配権が発生しないレベルでの株式を持ち，資本金を注入することが多い。業務提携より資本提携の方が，より経営管理やマネジメント，人材育成などにおいて企業間の関係性が強い傾向にある。

汎用モデルはアライアンスマネジメントについて「補完性」「連携企業間の 文化的相性」「調整」「コミュニケーション」「信頼形成活動」からなるモデルである。「調整」「企業間の文化的相性」への対応は相互に必要であるが，特に特定業界（発注者受注者間）の共同開発において，有効活用が可能とみられている。

アライアンスとして共同開発があるが，技術力向上や利益配分が高まるメリットと隣り合わせで運営方針の違いによる組織文化の再構築のズレなどの課題も存在している。この課題に対応するためにアライアンスマネジメントの共同開発における初期段階において，共同開発企業間の最終目標について検討し，詳細な取り決めをすることが有効である。また，問題に直面した際には柔軟な対応をするなども重要である。

(2) M&Aとは

日本企業による海外のM&A（合併・買収）は増加している。投資ファンドによる敵対的買収や不祥事による再生，IPO（新規公開株）による株式の現金化，業績悪化だがリストラせずに従業員の雇用を維持したい場合にも，M&Aの戦略をとることもある。近年は，買収する側の企業だけでなく売却する側の企業のメリットも増えている。

従来のM&Aは，業務の縮小や経営者が継続続投できず売却していたため，マイナスのイメージも強かったが，近年は以下の理由でM&Aを促進する企業が増加している。

① 企業の経営や既存の製品及び商品・サービス，事業の強化
② 異業種への新規参入

また，従来と異なり日本市場が飽和状態にある保険，食品，情報サービス，人材サービスなどの内需関連企業による海外企業の買収が目立っている。背景は，以下のとおりである。

① 人口減少による市場の成熟化
労働人口も減少している日本市場においては，どの市場も飽和状態にあり，成熟化から衰退期に移行している企業の製品及び商品・サービスも多く，特に海外市場を確保するためにM&A戦略を促進している。

② 余剰資金の活用
株主の圧力による日本企業がROE（株主資本利益率）を重視した効率的な経営を求められている中，内部留保などの余剰資金を海外企業のM&Aへ投資している。

③ 高齢化による後継者不足
中堅中小企業による後継者不足は深刻化し，経済産業省・中小企業庁によると，2022年には30万人以上の中小企業経営者が70歳になり約6割が後継者がおらず事業承継への課題に直視している。事業後継者問題

の解決や雇用の安定などの経営課題を解決するためにM&A戦略をとる企業が多い。

(3) M&Aにおけるアメリカと日本の変貌と事例

本来，M&Aは，「Mergers」and「Acquisitions」の略で，直訳すると「合併と買収」という意味である。

アメリカでは，1960年代，収益性のある投資を求め事業内容とは無関係でもM&Aを繰り返していた。業界内での拡大に限界があるため，他業界への進出，単一業界だけの依存度を分散化した。1970年代は総合型のコングロマリット企業の業績はフォーカス型企業の業績よりも悪化しコングロマリットを部分売却した。1980年代後半には，リスクの高いLBO（Leveraged Buy-Out）と呼ばれる買収先企業の資産や将来の事業収益を担保に銀行から借入れによる企業買収やLBOの融資を受けられない企業が高利率の債券を発行して買収資金にするなどマネーゲーム化し，失敗例が増えた。ようやく1990年代で本来の経営上の戦略的M&Aが実施されるようになり，選択と集中のための合理化や競争力強化を目的とするようになった。

上記のようにアメリカでは，代表的な経営戦略であるM&Aだが，日本においては，法整備の遅れやマイナスイメージから浸透せず，2000年以降，経済・組織法制の改正と為替リスク対策から普及し始め，2010年には，組織再編や自社株を活用した公開買付などのM&Aが普及，公正なM&Aに関するルール作りへの取り組みや組織再編に係る税制整備なども促進されている。

日本では，1960年代は石川島重工と播磨造船，八幡製鉄と富士製鉄などの競争力強化を目的とした大型合併が目立った。1980年代は，クロスボーダーM&Aとしてソニーがコロンビア・ピクチャーズを買収，1990年松下がMCAを買収，海外企業のM&Aが増え，敵対的M&Aでは小糸製作所の株買占めなどもあった。後半では選択と集中のM&Aになり，株主価値を重視するようになり，2000年代からは事業承継型と長引く不況からの脱却のための経営戦略型M&Aと業界再編型M&Aも増えている。

2004年にはソフトバンクが日本テレコムから固定電話事業を買収，2006年にはボーダフォンを買収，また，PHSのウィルコムを買収した後は，2012年モバイルデータ通信のイー・アクセスを買収，2013年にはアメリカのスプリント・ネクステルを買収したが，中でも日本テレコムとボーダフォン，ウィルコムの買収では急成長に貢献した。

また，日本電産は，1984年の最初のM&Aから，2015年にはスペインのプレス機器メーカーの買収まで31年間で国内24社と海外19社のM&Aを成功させることで，売上高が1兆円を超えるまで成長させたように戦略的な経営手段として成功した。

(4) M&Aの目的

企業の成長には増資などで自己拡張を実現する内部成長方式と外部の経営資源を利用し取得して成長を実現する外部成長方式がある。外部成長の代表がM&Aである。M&Aにも，資本の充実，生産・販売規模の拡大，事業及び製品の多角化，垂直統合による一貫生産の確立，情報ネットワークの拡大，金融利得，購入時の株式取得価額と買収時の株式取得価額の差を目的とするなど様々だが，大きく市場浸透戦略，新市場開拓戦略，新製品開発戦略，多角化戦略に分けられる。

市場浸透戦略は，既存の市場にすでにある既存製品を普及させる戦略だが，同業他社とのM&Aや規模拡大による効率化を目的とするときの戦略である。新市場開拓戦略とは，新しい市場に既存製品を普及させるときの戦略で，特に海外進出を目的とし，市場マーケットの販路拡大を目的としたときの戦略である。新製品開発戦略とは，今あるマーケット市場に新製品を投

表4-1　M&Aの目的

市場浸透	今の市場の既存製品の普及拡大
新規市場開拓	海外など新しいマーケット市場に既存製品の普及
新製品開発	他社の研究開発に依存して，自社の研究開発費の効率化
多角化	既存の製品だけに依存せずにリスク分散

出所：菊池編（2018），80頁などを参考に筆者作成。

入する戦略で，研究開発シナジーを目的としている。多角化戦略とは，新市場に新製品を投入する戦略で，提携先の企業の優位性のある新製品をこれまでの販売路で普及させるなど，共同で行うことで経費削減を可能にする。

(5) M&Aとアライアンスの違い

広義な意味では，業務提携としてのアライアンスもM&Aのひとつに含まれることもある。業務提携は，多くの企業では既存事業の強化を目指して積極的に活用し，2社以上の企業が契約により，相互で協力関係を構築している。従って広義の意味で業務提携もM&Aである。しかし，株式譲渡や株式交換といった資本移動を伴わないところが，M&Aとは異なる。

一方，M&Aは製品，商品・サービス，事業や企業そのものが対象だが，業務提携アライアンスは共同開発を目的にするため，その技術提携の対象となる研究・開発部署が対象になる。OEM提携の場合は，生産部署が対象となり，販売提携の場合は，営業部署，販売部署などである。そのため，アライアンスである業務提携は企業全体よりも部署に特化しているといえる。また，業務提携でも，資本も移動する資本業務提携という形もある。

アライアンスはM&Aに比べて，時間・資金がかけずに容易に促進が可能である点が利点である。

M&Aと異なり，アライアンスは，緩やかな契約であり，アライアンス提携後の管理・コントロールは各企業に委ねられている。相互の意思決定が曖昧になり管理体制が不十分になりやすく，シナジー（相乗効果）が期待したほど発揮されない場合もある。アライアンスは，個々の企業が独立した状況で緩やかな協力関係を結ぶため，万が一，利益が出ないなど期待通りに進まない場合は，その解消も容易にできる。

近年では，アライアンスとM&Aのどちらでもなく中間に位置するような提携方法もでてきている。

(6) M&Aの有効性

買収を考える前に成長戦略をたてる必要があるが，事業単位とその組織目標を特定し，それらがM&A戦略で本当に達成できるかどうかを判定しなければならない。市場における規模のチャンスととらえ，買収と事業戦略を結びつけることである。企業は経営資源を成長分野である製品及び商品や競争優位性の高い分野において事業ポートフォリオ戦略の立案として客観的評価により経営資源を期待できる分野に集中投下し，不採算部門は切り離す必要がある。

近年は，価格競争の激化，競争環境のグローバル化，規制緩和，製品ライフサイクルの短縮化などの外部環境が変化しながら，人口は減少し市場の拡大が見込まれない中，厳しい競争環境下に置かれている企業が多い。

M&Aを実施する目的を明確にすることは，M&Aを成功させる上で最も重要な要素であり，外部環境だけでなく，自社の強みを分析し，外部より獲得が必要な経営資源・機能などにおいてM&Aにより実現可能な目標を明確化することである。

アメリカでもコーポレート・ガバナンスの概念が確立してくると，M&Aの目的は企業価値の創造に移る。日本では規模の経済とか垂直統合とか，人材の獲得を目的にしている企業もあるが，株主価値の創造が本来あるべき目的である。

支配欲，ダイムラークライスラーの規模の経済（水平統合），垂直統合，新規事業展開に際して，M&Aにより事業多角化，生産，拠点，顧客・販売網，人的資源，技術・ノウハウ等を目的としている企業が多い中，M&Aについてバーリーとミーンズ（Berle and Means）は，規模の経済，垂直統合，経営資源の補完，財務効果，余剰資金，非効率性排除などを合理的なM&Aとしている。他方，多角化によるリスク分散とEPSの引き上げは疑わしいM&Aの目的，動機としている。

一般的にM&Aの成功率は低いが，成功率を測る基準は，株主資本価値の上昇という定量的な分析である。デロイト・トーマツの聞き取り調査（定性的調査）[1)]では，失敗要因は，買収発表前の株主資本価値と買収価格のギャップであるバリュー・ギャップとシナジー・バリューの関係の悪化，コスト削減，売上げ増加の期待が外れ，撤退時期の遅れによる。

表 4-2　M&A の効果

目的	内容
水平統合（規模の経済）	規模の経済性を追求することで，事業強化を目指し同業種の取り込み，ダイムラークライスラー
垂直統合	サプライチェーンに従い上下の関係の統合，自動車メーカーと部品メーカーの系列化
機能獲得型	人材，技術やノウハウ，ブランドなどを取り込む
新市場参入型	新事業の市場に参入するための既存企業の取り込み

出所：菊池（2006），55 頁を参考に筆者作成。

2．内部成長戦略と増資

(1) 増資のメリット・デメリット

企業の成長には外部成長戦略（M&A），内部成長戦略（増資）が必要であるが，外部成長戦略は，前述したようにM&A やライセンス契約などがある。

内部成長戦略としては，企業内部の経営資源を増大させることによるもので増資などがある。一般には，有償増資として，資金調達方法をすることが多い。

増資とは，簡単に言えば，会社が資本を調達することである。株式会社が資本金を増加させることである。

増資には，有償増資（金銭の支払い等を伴う）と無償増資（金銭の支払い等を伴わない）がある。無償増資が，株式分割は，剰余金の資本金への組み入れと同時に実施されることが多く，株式分割が株主などから払い込みなし（無償）で株式が交付されるのに対し，新株発行は金銭の払い込み（有償）後，はじめて株式が交付される。

このことから株式分割を無償増資と呼び，新株発行を有償増資と呼ぶ。増資は資金調達等を目的とした新株発行により実施されることが多いため，新株発行を指して増資と呼ぶこともある。

増資は，資金調達の伝統的な方法である。資金調達としては銀行からの借り入れとは異なり，返済義務のない資金を得ることが可能になるというメリットがある。また，株主資本が増加すると，企業の財務の健全性が高まり，改善する。また，公募の場合，新しく新規の株主が増えることになる。

一方，増資にはデメリットもある。株式による資金調達である増資は，資本コストが高く，また手続きに手間がかかる。また投資家への IR（Investor Relations）を通しての普及などに費用を要する。また，株主構成，ひいては議決権などにも影響が及ぶため，注意が必要となる。

(2) 増資の種類

増資は，対象参加者により，公募増資，第三者割当増資，株主割当増資に分けられる。例えば，新株発行は，企業が新たに株を発行して企業が必要とする事業の手元資金を増やすために株主を広く募るが，公募増資や，特定の企業などに買ってもらう第三者割当増資，今の株主に買ってもらう株主割当増資がある。

(3) 株主割当増資

既存の株主だけに向けて株式を発行するのが株主割当増資である。この株主割当増資は，既存の株主に限定して持株の割合に応じて新たに発行する新株を割り当てる増資方法である。従って，現在の株主からの出資を受けることになり，新たな株主は，参加できない。

メリットは，株主割当増資では，株主層を拡大させることなく既存の株主だけに株式を発行するため，株主の議決権割合に大きく変化することはなく，つまり，株主構成が変化しないという点がある。

(4) 第三者割当増資

現在，株主であるかどうかに関係なく，特定の第三者，株主以外の特定の企業や機関投資家，企業と取引のある下請けなどの機関などの関連会社に新株を引き受ける権利を付与し，新株を引き受けさせる増資のことであり，第三者割当増資と呼ぶ。

第三者割当増資は資金の調達を目的としているが，同時に企業との関係強化したいときに使う。従って，取引金融機関，または役員などの縁故関係者にこの権利を与えることが多く，縁故関係者のみに株式を発行するため縁故募集とも呼ばれている。

取引先との利便性の強化，業務提携先との利害関係を図りたい場合というのは，特に業績低迷で株価が低迷し，通常の増資ができない時や競合他社よりも効率的に利益を出したい時に行われる。

一方，第三者割当増資の発行手続きは，会社法により詳細に決められているため手間がかかるデメリットがある。特に，発行する新株を特に有利な価格で発行したい場合は，既存株主を保護するため，株主総会で，その理由を開示して特別決議を経なければならない。

また，金商法や取引所開示規則においても，詳細な開示が求められているため，時間，コストなどがかかり効率的ではないデメリットがある。

(5) 公募増資

企業の資金調達には，銀行からの借り入れや社債の発行などの方法があるが，銀行からの借り入れが不可能な場合や金利の支払いが高額になることもある。社債発行にも定期的な利払いや額面金額の償還（返済）の義務が生じるため，企業には負担が大きい。

一方，公募増資では以下のメリットがある。

① 金利や元金，債券の償還などの返済の必要がない。
② 既存の株主だけでなく新株主を募るため株主層の拡大，株式市場での流通性を高める。
③ 特定の株主に多くの株式を保有されシェアを握られ，権限が強くなる心配がない。

ただし，実際には購入株に対する払込金額は現在の株価の時価より多少低めとなることが多い。従って，時価より有利な価格で発行する場合には，株主総会で決議を得る必要がある。現在の既存株主の利益を保護する目的もあるが，株主総会では，その理由を開示して，特別決議を通す必要がある。

また，払込金額の決定方法は，投資家の需要状況を把握することによって，市場の動向に即して払込金額を決定することができる需要積み上げ方式がよく利用される。新株発行の時の値段を決める際に仮条件を投資家に示し，需要を探り，新規上場銘柄の公開価格を決定する。

(6) IPO

IPO（Initial Public Offering）とは，一般に株式を新規公開することをいう。新規公開とは，非上場でも，特定の投資家だけが保有している株式を，流通させるために一般の投資家に新株を公開し，新たに購入してもらうことをいう。多数の投資家に対して公募するため公募増資と同じ意味で使われることもある。

この場合，公開価格は企業の業績，財政状態，成長性などを競合他社と比較し，投資家の需要と調整し，決定される。金融商品取引法における企業の事業内容，有価証券報告書の定期的な法定開示と，重要な決算短信などの適時開示が義務付けられている。

手間やコストがかかるデメリットがあるが，財務体質の強化，知名度を上げるなどのメリットもある。

3．SWOT 分析の事例

SWOT 分析とは，Strength（強み），Weakness（弱み），Opportunity（機会），Thread（脅威）の頭文字だが，内部環境や外部環境について分析し，企業が問題解決や優位性を見出すための戦略である。経営戦略以外にもマーケティングやバランスト・スコアカード，ISO のマネジメントシステムなど，幅広い分野で活用される。機会と脅威は，外部環境である政治，経済，社会情勢，技術進展，法的規制などのマクロ要因や市場規模や成長性，顧客の価値観，価格の傾向，競合他社，協力会社などのミクロ要因から企業の強みと弱みを分析する。経営資源としての商品，コスト，販売力，技術力，ブランド力などを検討する。

SWOT分析は，アメリカの研究者アルバート・ハンフリー（Albert Humphrey）により構築された[2)]。

表4-3　SWOT分析のための内部環境と外部環境

内部環境	資源としての人材，組織，設備，資産，企業理念など。顧客サービス，販売力，マーケティング力など
外部環境	政治・法令，市場トレンド，経済状況，また，株主の期待に沿えるための対策，科学や技術，競合他社

出所：ヒット他（2014），2章，3章を参考に筆者作成。

SWOT分析により内部環境と外部環境のメリット・デメリットを明確にする。内部環境においては，自社の「強み」や「弱み」を分析する。また，外部環境の分析は「機会」や「脅威」などであるが，市場の競争環境においては，企業ではコントロールできない領域である。内部環境の「強み」「弱み」と外部環境にある「機会」「脅威」の4つの軸から分析し評価する。内部環境についての「強み」を導くために，外部環境の「機会」をうまく引き出す必要がある。また，「弱み」を洗い出し守るためには，外部環境の「脅威」をどのように把握し備えればいいのかを分析する。

内部環境には，企業の資源としての人材，組織，設備，資産，企業理念・企業風土や企業文化などがある。また企業の製品・商品及びサービスにおいて顧客サービス，販売力，マーケティング力，技術力，価格力，利便性，輸送時間などから特徴づける。

また，外部環境としては，市場や社会からマクロ視点で見たときの外部環境について機会と脅威を確認する。マクロ環境を分析するPEST（Politics Economy Society Technology）分析もこうした外部環境の影響度合いを分析できるため，SWOT分析とPEST分析を組み合わせることもある。ある程度，仮説を立てて，政治・法令，市場トレンド，経済状況，また，株主の期待に沿えるための対策，科学や技術，競合他社の分析から企業の販売状況，サービスなどを確認する。内部環境の強みを見出しても市場のトレンドと一致しない場合は，外部環境に影響を受けることもある。そのため内部環境の分析調査前に，影響を及ぼす外部環境から調査，分析する方法がある。

表 4-4　外部環境と内部環境の SWOT 分析

外部環境	内部環境
機会	強み
脅威	弱み

出所：菊池編（2018），73 頁を参考に筆者作成。

外部環境の項目は政治，法律，技術革新などがあるが，法律や政治は政策が急に変化することで影響を与えることになる。しかし，政策の変化などがない場合は，日常的には影響は大きくない。その場合でも機会，脅威を洗い出す必要がある。

分析のフレームワークとして 3C と合わせて外部環境の分析することもある。3C とは，「市場（customer）」「競合（competitor）」「自社（company）」のことで，外部環境の市場と競合の分析により企業戦略を立てて，それを活かす分析をするフレームワークである。市場分析としては，自社の製品及び商品・サービスに対して，購買する意志や能力のある消費者，潜在顧客を分析することである。

図 4-1　3C の分析

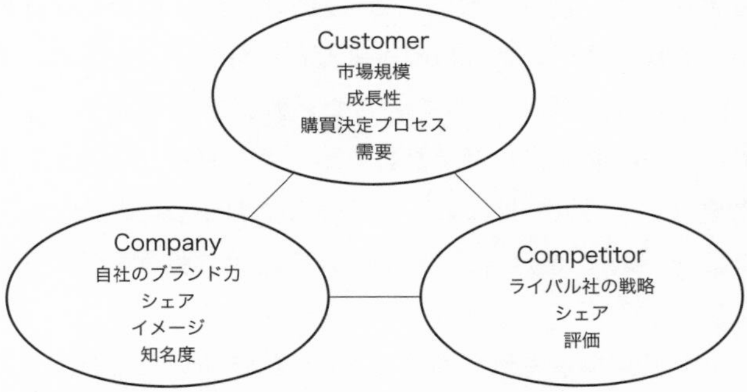

出所：梶浦編（2016），376 頁などを参考に筆者作成。

潜在顧客の数，地域構成，人口などの市場規模，成長性の調査，需要，消費者の行動，購買決定までのプロセスを分析する。競合他社との分析は競争市場において優位性を見出すことが可能になる。特に，競合他社が多い市場であれば，顧客を獲得するための方法として，競合他社数，新規参入障壁，戦略，経営資源としての営業販売者数やマーケティング戦略や工場の生産能力などについて調査し，業績，市場シェア，純利益なども確認することで自社の強みや弱みを客観的に見出すことができる。自社の経営資源を有効に使うために，その内容を再確認し，企業活動についても，定性的・定量的に把握する必要がある。

表4-5　SWOT分析の例

Strength（強み）	Opportunity（機会）
製品の品質が高い，研究・開発が進んでいる	原材料の高騰で，さらなる値上げの実施
Weakness（弱み）	Thread（脅威）
競合他社の価格は安く，価格競争で劣っている。ネット販売力が競合他社より劣る	デフレ環境では価格の高さがマイナス要因，市場で増えている高齢者の需要が低下している

出所：菊池編（2018），73頁などを参考に筆者作成。

SWOT分析は，「強み」，「弱み」，「機会」，「脅威」をクロスさせ対応すべき課題に対応し，優先順位をつける。強み×機会の場合，「強み」をいかすために「機会」を最大限にする方法を調査，分析する。また，強み×脅威は，「強み」があっても「脅威」が訪れることで悪影響を及ぼすため，回避して守る必要がある。弱み×機会では，「弱み」は「機会」があれば，プラスになるが，それを逃さないための対策などを分析する。弱み×脅威では，「弱み」と「脅威」は事前に対策をとらなければ最悪の結果となるため，それを回避するために取り組む対策が必要である。長所，強みをいかすためには，最適化を考え，環境分析により，準備しておかないと機会を逃がしてしまうことになる。クロス分析によって弱みを改善，強みを最大限にすることが大事である。

例えば，マクドナルドを例にあげてSWOT分析をすると，強みは，ファミリー向けの客層が多く子供向けのハッピーセットの充実である。玩具メー

表 4-6　SWOT 分析の事例研究 1　マクドナルド

	弱み	強み	機会	脅威
	・低価格で利益率が低い ・食品安全性は常にリスクと直面	・低価格 ・商品の多様化 ・商品開発 ・知名度 ・駅前，利便性 ・子供向け，ファミリー層の需要が多い ・玩具メーカーとの子供受けセット商品	・景気回復 ・節約志向で低価格商品の需要増加 ・近隣にファミリー向けマンション建設増加	・近隣周辺に競合他社の参入 ・ダイエットまたは健康食品志向者の増加 ・古い街のため主要客のファミリー層が高齢者層に移行中
強み X 機会			・子供＆大人用セット商品の開発？ ・子供の層を増やすため幼稚園，小学校またはファミリー向けマンションの近くに移転可能？	
強み X 脅威				・ダイエット向け，ベジタリアン向けの商品開発？ ・各店舗で高齢者向けソファーなど提供できるか？
弱み X 機会			・低価格のためクーポンは子供向けに絞る？ ・子供向けの手洗いなどの指導教室を実施 ・生産過程の食品管理を徹底	
弱み X 脅威				・高齢者は食中毒になるなどの問題発生

出所：梶浦編（2016），377 頁などを参考に筆者作成。

カーとのコラボレーションにより，玩具店にないアニメキャラクターの商品がマクドナルドのハンバーガーとセットで500円前後と玩具そのものよりも安く提供している。

表 4-7　SWOT 分析の事例研究２　カシオの時計Gショック

	弱み	強み	機会	脅威
	・新規参入 ・研究＆開発費	・低価格 ・世界的な知名度 ・丈夫で壊れない質の高さ ・子供用，登山用，女性用に特化 ・訪日観光客に需要が多い ・脈拍などを測る専門的機能	・デジタル化の促進 ・健康志向者の増加 ・マラソンのブーム ・訪日外国人の増加	・原材料の高騰 ・市場マーケットの多い高齢者に特化した製品が少ない ・高齢者はアナログで設定に弱い ・新規参入，競合他社の類似品
強みX機会			・マラソン専門用の時計の開発？ ・より高度な健康促進専門的機能？ ・途上国への進出	
強みX脅威				・高齢者向けシンプル製品の開発？ ・低価格維持のための原材料の代替品？
弱みX機会			・低価格のため販売個数を増やし利益率を上げ，研究＆開発費にまわす？	
弱みX脅威				・新規参入ライバル会社に真似されないような研究・開発 ・ライバル企業との差を分析 ・特化型製品の研究＆開発

出所：梶浦編（2016），377 頁などを参考に筆者作成。

消費者は節約志向であり，低価格商品への需要は高まっている機会が，低価格商品を販売している強みを後押ししている。また，知名度もあり，利便性もあるため，気軽に立ち寄れる。

しかし，弱みは，低価格のため利益が出づらく，低価格のイメージが定着しているため，いきなり高価格商品へシフトすると従来の顧客が逃げていく懸念がある。また，常に食品安全問題リスクと直面しており，食中毒などの問題が発生すると顧客が激減する。

これらの弱みと脅威が重なると最悪のケースに陥る。例えば，顧客がマクドナルドのハンバーガーが原因で食中毒になると顧客が激減する。生産過程での食品の衛生問題や安全性，また店舗においても清掃担当専属者の雇用などの衛生上の管理体制の強化などの提案，戦略が立てられる。

例えば，カシオの時計Gショックに関しては表4–7のようになる。

機会と強み，弱みと脅威のクロスに対しては，アイデアは多くでるが，弱みと脅威のクロスにおいては，問題解決のための実践的な案は難しく，部署ごとにSWOT分析をおこない提案を出しながら総合的に可能性のあるものを選んでいくのがベストである。

このようにSWOT分析は，クロスすることで代替案を提案しやすくなる。

4．競争優位と事例研究

(1) 経験曲線

前述したように，ポーターは，競合他社と比較して，比較優位性をもち，競争優位を築くために「3つの基本戦略」を提唱した。規模の経済，経験の蓄積から効率性が増すという経験曲線の理論などは，低価格で最優位に立とうとする戦略で，シャアの拡大が期待できる成功例のひとつである。

低価格の設定には経験曲線（エクスペリエンス・カーブ）理論が有効である。1930年代，アメリカの空軍基地の工場で，航空機の生産機数が2倍になると労働コストが20％ほど減少するということが発見されたことが経験曲線理論が生まれるきっかけになった。

経験曲線は，製品を生産する過程において，その累積した生産量が増加すれば単位当たりの総コストが一定割合で減少するが，この関係を示した曲線のことを経験曲線という。

アメリカの航空機業界において学習曲線効果として発見され，1960年代，ボストン・コンサルティンググループの創業者が，これを総コストとして，PPMにおける市場と関連付け，戦略の優位性を確認する時に経験曲線効果と提唱した。創業者の一人，ブルース・ヘンダーソン（Bruce Henderson）が，理論にまで進化させた。ヘンダーソンは，製品の累積生産回数が倍になるごとに，生産回数あたりの総費用は一定かつ予測可能な速度で減少すると主張し，累積生産量の増加に伴って，単位あたりの総コストが低下していくことをモデル化した。

現在では，経験曲線効果は，生産量と単位当たりの固定費の逆相関の関係として，価格競争力で優位性をもつ分析を目的に促進されている。特に，労働集約的な産業において，低価格戦略によるシェア拡大の優位性を築くのに有効で，新製品の製造の設備投資を行い，累積生産量を早期に増加し将来の低価格を実現，シェア獲得が可能になる経験曲線のモデルである。将来のコストを予測することは，価格競争に勝つひとつの方法でもある。

しかし，逆に，多様な製品を新技術で製造する企業では，その都度，新たな経験曲線が創出されることになり，また，大量生産は急な環境変化などにより，突然売れなくなり過剰在庫につながるリスクがある。

(2) 経験曲線の有効性

累積生産量が２倍になるたびに，１単位あたりのコストが10〜30％ずつ減少する。その減少率はその製品のある業界や製品によって異なるが，この法則を知っていれば，将来の最高価格や最低価格が予想できる。

また機械で生産する工場だけでなく，人的な作業が多く含まれる現場では，よりカーブ（効果）が大きい。個人が経験を蓄積するにつれて，より効率的にスピーディにその課題をこなせるようになるため，その効果が上がる。

図 4-2　生産量とコストの関係

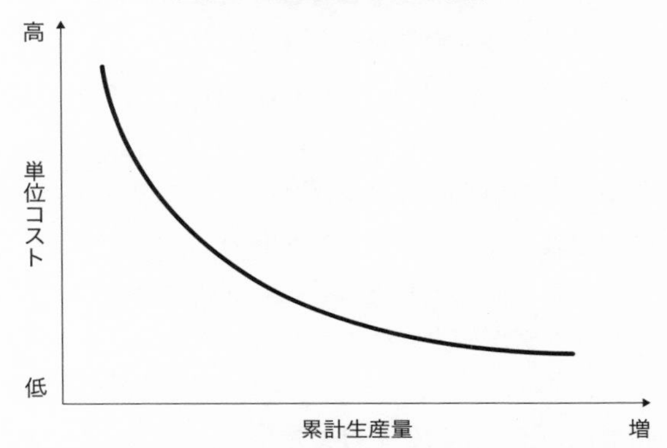

注：累積生産量が2倍になると単位コストが20～30％減少する。
出所：Barney（2013），p. 52 などを参考に筆者作成。

(3) 集中と差別化の事例

上記のように経験曲線による低価格により企業が優位性を見出すことも戦略であるが，同時に優位性を構築するためには，低価格の設定だけでは充分ではない。自社の製品を差別化し特徴付けたコンセプトにすることで，業界での優位性を築くものである。

また，特定の製品に選定，特定の地域の顧客や年齢層にターゲットを集中するなどの特徴づけは，資源を集中させることで可能になる。

戦略領域では優位性を築き上げを基本に，製品及び商品やサービスを組み合わせて大きな競争優位を確立している例もある。また，ひとつの事業が結果的に同時にいくつかの戦略領域で優位性に貢献していることもある。

1)　軽自動車スズキの集中戦略

スズキ自動車は自動車業界の中で，以下の通り経営資源を集中させた。

①　軽自動車の製品に集中し競争優位性を確立
②　自社だけでなく日産に OEM 供給し，日産の軽自動車の供給も

集中戦略や差別化戦略による競争優位性を構築した結果，軽自動車で特徴づけ国内第２位の自動車販売台数を誇るまでになった。

上記を SWOT 分析すると，以下の通りである。

強み：軽自動車分野の市場では高シェア

弱み：高級車や中型車では市場シェアが弱い

軽自動車や小型車の開発・販売に特化し「軽自動車のスズキ」という差別化でポジショニングが確立できた。

機会：未開拓地域のインドに先駆けて進出

機会と強みをクロスさせたことでインドでトヨタ，日産よりも大きなシェアを獲得した。

上記のように集中，さらに自ら機会を作り出し，強みを強化できた例である。

2）低価格と利便性で優位性のあるサウスウエスト航空

優位性を構築した戦略の成功例に，サウスウエスト航空が有名である。サウスウエスト航空は短・中距離に絞り，経営資源を集中させた。また，コスト削減を目的に以下のことを実施した。

①　使用する機材をボーイング 737 型機に統一

整備，修理作業や乗務員訓練の時間，コスト削減の実現化

②　機内食や指定席など手間がかかることを省いた

定刻時間に出発，延滞料の削減，機内食分を状況の低運賃化

上記の資源の資産有効で優位性を築き，低運賃による顧客満足度も高くなった。

3）ダイレクト・モデルのDELL

パソコンメーカーのデル社は，ダイレクトモデルに特化したことで，急成長したアメリカの会社である。以下の通りの集中を選択している。

まず，コスト削減には以下の戦略をとった。

①　ダイレクトモデル（顧客に直接販売する方法）
②　短期間で納期の受注生産が可能
③　家電量販店や電気屋などの中間マージンを削減可能に
④　直接インターネット決済

上記の内容により，低コスト化を実現した。

一般のメーカーのように家電量販店や電気屋など代理店を通さず，直接購入するため中間マージンを削減できた。また，注文後にて発注するため，代理店や取引先での在庫を最小化し資産有効活用を可能にした。

また，直接，インターネット決算により，代理店経由でないため代金回収期間が短縮できたことも資産の有効活用につながった。

上記はパソコンに詳しい顧客に顧客対象者を集中させたこと，また，直接販売に集中した戦略で，成功したといえる。

4）垂直統合のZARA

下請企業からの脱却と自らの経営資源の製造業と小売業を統合するビジネスモデル（製販垂直統合）が事業拡大と高収益に結びついたのがZARAである。20～40歳代女性を対象に各店舗で流行に敏感な低価格の服を提供しているが，多くが自主運営の直営展開が基本方針である。

また，広告媒体を使ったプロモーションをほとんど実施しない。同業他社の全売上高の3.0～3.5％の広告媒体の宣伝費に比較してZARAは0.3％のみである。代わりに顧客の口コミを最大のプロモーションと考え，家賃が高い大通りに店舗展開している。

5）低価格の優位性のウォールマート

世界最大の小売企業であるウォルマート（Walmart）は，低価格戦略の優位性がある。一度，アマゾンなどにより，価格面での優位性を失ったが，ウォルマートドットコム（Walmart.com）のネット販売により，アマゾンが行っているダイナミック・プライシングという価格戦略を導入した。市場の状況に合わせて価格を変動させるというダイナミック・プライシングは，オンラインアプリのセービング・キャッチャー（Savings Catcher）で，ウォルマートで購入後，競合他社の販売価格に比較して高い場合，差額を返金する。またウォルマートは自社の総売り上げの56％を占める食料品の販売価格の徹底調査と価格調整を実施，比較後に値下げを実施している。

また，オンライン商取引企業のジェット・ドットコム（Jet.com）を買収し，オンライン市場でのシェア拡大を図り，競合他社と比較して低価格設定を可能にしている。

5．ファイブフォース分析と事例

ファイブフォース分析とは，1980年にポーターが発表したもので，「ポーターの５フォース」（5つの競争要因）として知られている。第１章で前述した外部環境において「業界内の競合」「新規参入の脅威」「代替品の脅威」「売り手の交渉力」「買い手の交渉力」の５つの観点より分析を行うことをいう[3)]。

「5つの競争要因」とは，その業界の収益性を分析するためのフレームワークで，需要と供給，また，外部環境分析としての機会を逃さない目的や競合他社の高品質の製品を研究・開発を分析，価格対性能比の改善にも役立てている。

(1) 買い手の交渉力

買い手の交渉力においては，買い物需要が高い分野の製品及び商品・サービスは需要が高いため，あまり差別化されていない。買い手である顧客が大勢多数で強力な場合，圧力で業界全体に価格を引き下げさせることが可能だが，その価格はコストリーダーを追う業界の有力な競合他社が平均的収益性のレベル以下の価格にはならない。企業は自社の利益がマイナスになるまでのコストを下げることはないがギリギリのラインまで交渉されることはある。自社の利益がマイナスになれば商品を販売する意味がなくなり，撤退せざるを得なくなる。従って，強力な買い手には，価格よりも革新的な製品及び商品・サービスにおいて特典を提供する選択をする可能性が高い。

一般消費者の買い手は，業者を代えるために必要なコストであるスイッチングコストを考える。例えば携帯電話のキャリアを替える場合，手数料などがかかるが，マクドナルドが差別化された商品でなければ近所のロッテリアやモスバーガーなどの常連客になる可能性がある。

また，ウォールマートで買い物する顧客が競合他社の価格のほうが安い場合，ウォールマートが返金するシステムがあるように買い手の交渉力が強くなる。

(2) 売り手の交渉力

一方，売り手の交渉力では，売り手，供給側の製品及び商品・サービスに占める自社の割合が低いこと，売り手の製品が差別化されていることをいう。

しかし，大量にサプライヤーから購入する場合，サプライヤーに価格を下げることを強制することが可能である。例えば，マクドナルドでは世界中に店舗があり規模の経済が働く。食材を大量仕入れる供給される食肉加工材料を供給する食肉加工業者や穀物商社などとの供給会社に対しての価格交渉力が非常に高い。ウォールマートも北米で最大の小売業者であり，それがサプライヤーに圧力をかけ，低価格での仕入れを可能にしている。

ファストフード業界，スーパー卸売業界の市場マーケットが成長段階にあれば，多少の競争の激化があっても耐えられるが，そうでなければ，全面的な競争業者間の敵対関係が足を引っ張り合うことになる。

(3) 新規参入

新規参入者としては，マクドナルドの脅威となる新たなコストリーダーが参入することであり，日本ではコンビニエンスストアでコーヒーマシーンから注いだコーヒーが100円で提供され始めたことは新規参入の脅威になる。

規模の経済は効率的になりコストリーダーになるが，収益性が低いため，その収益性を達するために大規模な投資や大量販売が必要である。

(4) 代替製品

代替製品としては，サブウェイなどや本場アメリカのチェーンや牛丼・丼ものなどのチェーン店がマクドナルドの代替品にあたり，コメダ珈琲店，ドトールなども軽食があり代替品といえる。自社製品の代わりになる可能性のあるものは，いずれ脅威になるが，マクドナルドのような低価格のコストリーダーの場合は，代替製品が競合他社から登場しても柔軟性がある。

マクドナルドはプレミアムバーガーを高価格でも登場させたが，競合他社でも類似の多様な商品開発を展開し始めた。代替製品を登場させないためにも，都度，自社のポジショニングを確認し，優位性を見出すことが競争戦略において重要である。

(5) 業界内の競合

業界内にある企業は相互に依存関係にあるため，ある企業の行動が競合他社に反応を招き，特に敵対関係にある競合他社の行動に脅威を感じることは多い。市場のポジションを見直し，変更，改善しなければならないのは，競合他社の戦略，行動が原因であることが多い。企業の資源やケイパビリティには差異があるが，自らを差別化しようと企業は努力しているが，同等規模の支配力のある数社しか存在しない業界では，その敵対関係は強くなる。大規模で同資源ベースの経営する企業同士の場合，その広告宣伝費や戦略が大胆になるため，その衝突も激化する。業界が成長段階にあり市場規模が拡大していれば，その顧客獲得の圧力や競争の度合いは低いが，低成長市場には顧客の奪い合いから激化しやすい。

6．ケイパビリティと RBV 理論

ケイパビリティ（capability）とは英語で人の能力，才能，素質，手腕などの意味でつかわれるが，それを経営学にあてはめると，価値の提供を実現できる一連のビジネスプロセスとその能力といえよう。

ジェイ・B. バーニー（Jay B. Barney）が提唱する「VRIO フレームワーク」とは，経済価値（Value），希少性（Rarity），模倣困難性（Imitability），組織力（Organization）の 4 つの視点から「ケイパビリティ（能力）」を評価するための尺度として使われている。この 4 つの頭文字をとって VRIO フレームワークと呼ばれている。

RBV 理論は，1984 年に B. ワーナーフェルトによって提唱されたが，注目されるようになったのは，1991 年のバーニーからである。RBV は，外部環境だけでなく，業界内でのポジショニングに基づく戦略論とは異なるアプローチであり，あくまで企業内部の経営資源に競争優位の源泉を求めているものである。企業内部の経営資源とは，生産設備や不動産，ブランド力や特許等の無形資産，顧客対応力の組織ケイパビリティのことを指している。

競争優位性は，構築上，有効性を分析する時に，経済価値，希少性，模倣困難性，組織において，企業の経営資源はビジネスの機会に寄与，脅威の防衛を可能にすることを目的にしたものである。

(1) 経済価値

まず，経済価値においては，企業の保有する経営資源やケイパビリティは，外部環境における脅威や機会に適応することができるのかどうかがポイントである。

(2) 希少性

次に，希少性に関しては，経営資源は，自社のみが管理しているのか，それとも一部の競合他社によってコントロールされているのかなどの希少価値

を確認，それの入手が困難であるのかどうかの希少性を分析するのがポイントである。ある経営資源が他の多くの企業でも所有されている場合には，競争優位にはならない。一方で，希少性の高い経営資源を持っている企業は，その資源によって競争に打ち勝つことが可能になる。

(3) 模倣困難性

また，模倣困難性に関しては，必要な経営資源を保有していない企業が，新規に参入し模倣しようとする場合，その模倣のためのコストがどれくらいなのかがポイントである。高すぎる場合，誰も模倣しないが，安い場合，多くの企業に真似されることになる。

経営資源の希少性，模倣困難性とは，他社に真似されやすいかという視点のことで，すぐに真似されてしまうような場合，短期的には競争優位を築けても，持続的な競争優位にはならない。このように，VRIO フレームワークを用いることで，企業の所有するリソースやケイパビリティが競争優位になるのかどうかがわかる。

(4) 組織力

組織力に関しては，企業が保有する価値，または模倣コストの大きい経営資源を活用するために，組織的な制度，方針の整備についてである。上記を指標とし，指標が高いほど持続的競争優位を高められる。

例えば，ソニーや本田技研工業のケイパビリティは顧客との緊密な関係にあり，それによって顧客ロイヤリティが生まれたが，同じようにトヨタ自動車のケイパビリティは，サプライヤーとの協力関係にある。多くの欧米企業がトヨタ自動車の成功であるサプライヤーとの協力関係を模倣しようとしたが，失敗した。このケイパビリティは模倣困難性が高く，誰にでも真似できることではなかった。これが，トヨタ自動車の持続的競争優位をもたらす決定的な要因となっている。

上記のようなケイパビリティを作りだす要素として，4つ指摘されている。

表 4-8　バーニーの 4 つのケイパビリティ

経済価値： 企業の保有する経営資源やケイパビリティの外部環境における脅威や機会への適応性。	模倣困難性： 模倣するためのコストが高すぎる場合，誰も模倣しないが，安い場合，多くの企業に真似される。
希少性： その経営資源は，自社のみ，または競合他社によってコントロールされているのか，希少性はあるのかどうか。	組織力： 企業が保有する価値，経営資源を活用するための組織的な制度，方針の整備。

出所：Hitt (2014), p. 86；ヒット他 (2014)，132 頁などを参考に筆者作成。

① 自社独自の経験
② サプライヤーとの緊密な関係性
③ 顧客との密接な関係性
④ 業員との密接な関係性

上記の関係の強化により自社独自の絶対的なケイパビリティが形成されるとしている。

バーニーのケイパビリティ論では，企業が保有する固有資源やルーティンなどを形成する人材において固有のケイパビリティ（能力）によって決定される。つまり，企業の競争優位は企業の固有資源やケイパビリティで決定するため，企業は常に自社の戦略を見直し，行動を取ることが必要であるといえる。

他方，資源ベース理論では，レナード・バートン（Dorothy Leonard-Barton）が主張するコア・リジリティ4)において，長期的には，企業の資源や能力が逆に硬直性を生み出すと指摘されている。特定の資源やケイパビリティに固執しすぎると，環境の変化に適応できなくなる。例えば，シャープが液晶技術に選択と集中を行ったことで硬直化させ，環境の変化に適応できなかった。また，IBM は，硬直化せずに採算の合わない PC 部門を売却した。不採算部門を切り離す企業も増えているように，選択と集中の結果がでない場合，早い段階で見切りをつける勇気も必要である。

バーニーは，戦略的アライアンスによって，流動的に臨機応変に組織を構築することの重要性を指摘しているが，これらは，補完するものとして必要である。模倣困難性を生み出すためには，業界内でのポジショニングが重要であると指摘している。

一方，RBV理論は，持続的な競争優位を獲得するには，業界全体の需要や魅力ではなく，自社のケイパビリティにより持続的競争優位を獲得できるという理論であり，限界も指摘されている。企業の脅威を察するためには外部環境の分析も必要であり内部環境の情報だけでは不足しているためである。

RBV理論はその意義と同時に，その限界も指摘されている。IT，テクノロジーの進歩も速く，製品のライフサイクルの短期化，消費者の流行も敏感で顧客の需要も多様化されるなど環境の変化は著しい中，企業の競争優位性も希少価値があり，模倣コストが大きい経営資源やケイパビリティに充分基づいても，不確実で変化の激しい現代では整備された環境も簡単に崩壊される危険がある。企業が持続可能な競争優位を得るにはコンスタンス・ヘルファット（Constance E. Helfat），マーガレット・ペトラフ（Margaret A. Peteraf）が，ダイナミックな資源ベース論が必要だと指摘した[5)]。また，シドニー・ウィンター（Sidney G. Winter）は，ルーティンやケイパビリティを修正するより高次のメタ・ルーティンが存在することを早い時期から主張していたが，これらは資源ベース論の延長線上にあるダイナミック・ケイパビリティに関して指摘していたのである[6)]。

7．ダイナミック・ケイパビリティ論

デビッド・ティース（David Teece）によるダイナミック・ケイパビリティ論は，マイケル・ポーターと同様に環境の変化を認識し，それに対応するための企業に固有の資源を再構築して，最終的に全体的に構成する能力のことである。ティースは，「ダイナミック・ケイパビリティとは，企業が技術・市場変化に対応するために，その資源ベースの形成・再形成・配置・再

配置を実現していく（模倣不可能な）能力のことである」としている。ダイナミック・ケイパビリティは，新しいものをつくり上げる能力ではなく，従来の競争優位のある資源や資産を再構成することである。これは，場合によっては，競合他社の資産や資源なども含めてダイナミックに再構成する能力のことを指している。

表 4-9　ダイナミック・ケイパビリティの３つの要素

機会・脅威を 感知する能力 （Sensing：感知）	環境変化に伴う機会，脅威を感じ取る能力がなければ，対応策をとる前にチャンスは逃げてしまう。脅威への対策準備もできず打撃を受ける。情報収集や政策，社会の変化に敏感に察する能力が必要
機会を 捕捉する能力 （Seizing：捕捉）	チャンスがきたことをすぐに捉えて，従来の資源を様々な形で応用し，再利用する能力のことで，これまでの経験や知識とチャンスに敏感になる必要がある。
新しい競争優位を確立するため 変革する能力 （Transforming：変革）	新しい競争優位を確立するために既存の資源や組織を体系的に変革するには，時には，部署を超えたり，ライバル会社まで取り込んだ大胆な再構築も必要である。大胆に組織内外の資源や組織を体系的に再編成することである。

出所：菊澤（2015），図 4「3 つに分解されるダイナミック・ケイパビリティ」；ティース（2019）などを参考に筆者作成。

ダイナミック・ケイパビリティは機会を感知する能力，機会を捕捉する能力，企業境界の内部・外部に存在する資産の結合・再結合・再配置を通じて脅威のマネジメントを実行する能力の３つの要素が必要とされている。機会はせっかくチャンスが来ても，その変化に気が付かなければチャンスを逃してしまう。また，同時に環境の変化によって脅威がきていても，それを感じなければ対策がとれずに破綻してしまうこともある。政策の変化，社会，流行の変化などの情報収集をし，そのための対策を立て，準備しなければならない。

1）Sensing：感知

環境変化に伴う脅威を感じ取る能力：機会・脅威を早めに察知して感じることを指している。

2）Seizing：捕捉

機会を捉えて，既存の資源，ルーティン，知識を様々な形で応用し，再利用する能力のことで，機会を活かすために従来の資源，人材を合わせて適用させることである。機会が到来した際には資源を適用させ再利用することができる能力は，経験とアイデアが必要で，不足分を補足しながら対応する。

3）Transforming：変革

新しい競争優位を確立するために組織内外の既存の資源や組織を体系的に再編成し変革する能力も必要で，ダイナミックに競合他社や外部の企業とも大胆に再編成する変革も重要である。特に，環境の変化により大きな脅威に立ち向かうためには企業間の相互の協力関係を強化しコスト削減などに取り組む必要があるが，それぞれの企業の経営陣には強い組織文化と主張があるため簡単に編成できない。従って，再編のためにまとめる能力が非常に大事になってくる。

ダイナミック・ケイパビリティの戦略の違いで生死を分けたのが，コダックと富士フイルムである。デジタル・カメラの普及で写真フィルムが大幅に減少，経営難に直面した。コダックは脅威を感じていたものの，ケイパビリティ，資源にこだわり硬直的であり続けたことで，倒産した。既存の資源，高度な技術や資産を再構成することはなく，持続的競争優位を確立するという戦略が構築されなかった。

これに対して，富士フイルムはダイナミック・ケイパビリティを大胆に積極的に活用，既存の高度な技術，資産を再利用して本業以外の新知識や新技術のための研究・開発を目的に資金を集中させた。液晶保護の特殊な保護フィルム技術を開発し，市場シェア独占している。コラーゲンの技術を応用し，化粧品の開発により，化粧品業界に進出した。再構築のための能力が問われたケースである。

8．コアコンピテンシー

コアコンピテンシー（Core Competence）とは，自社の核となる強みのことで，技術や特色などを示している。コンピタンスはコンピテンシー（Competency）に置き換えることができるが，Competency を直訳すると，資格，能力，技量，特質，適性などになる。コア（Core）の意味は，芯，中核，中心，核のことを言う。ビジネス用語では，一般的にコア・コンピタンスとは自社の核となる技術や特色を指している。

経営学者であるゲイリー・ハメル（Gary Hamel），C. K. プラハラード（C. K. Prahalad）の *Competing for the Future* では，自社の強みとしてケイパビリティという言葉も多く出てくるが[7]，一般にコア・コンピタンスはバリューチェーンの特定の機能の強み，ケイパビリティはバリューチェーンにまたがる組織的な強みを指す場合が多い。

ハメルとプラハラードは，新時代の斬新な経営戦略にコア・コンピタンスを，顧客に対して，他社には模倣できない自社独自の価値を提供する，企業

表 4-10　コアコンピテンシーの条件

顧客に何らかの利益をもたらす自社能力	顧客が何らかの利益やサービス得られると感じられるかどうかのこと。企業の目先の利益の追求のためではなく，顧客が得すると思うと長期的なファンを構築でき，消費も安定する。
価値があるケイパビリティ	企業が脅威を弱めるか，機会を利用するのを助けること。
模倣に高いコストがかかるケイパビリティ	ユニークで価値のある組織文化，ブランドネームがあり，競合他社が模倣するのに高い費用がかかるため，模倣される懸念が低いこと。模倣性が低いほど競争優位性があり，長期的な売上が見込まれる。
代替不可能なケイパビリティ	同等の代替製品がないこと。製品，商品・サービスが他の企業に簡単に置き換える事が出来ないこと。
希少性の高いケイパビリティ	競合他社によって所有されていない。すでに市場に出回っている製品・商品ではなく，新しく珍しいもの，特に技術的に優れているものを提供すること。

出所：Hitt（2014），p. 86；ヒット他（2014），132 頁などを参考に筆者作成。

内部の中核になる独自の技術の集合体と指摘した。それらには，以下の条件が伴っている。

(1) 価値があるケイパビリティ

上記の表のようにケイパビリティのうち，価値があり，希少，模倣するのに高い費用がかかり代替不可能な４つの基準が満たされたものだけがコア・コンピタンスである。

価値があるケイパビリティとして，企業が脅威を弱め，機会を利用するのを助ける。顧客から長期的に支持を得るためには，顧客が企業から何らかの利益やサービス得られると感じられることであり，企業は目先の利益にとらわれず，長期的視野で収益拡大することが重要である。長期的に顧客に好かれるためには，顧客に還元していく顧客への利益も意識する必要がある。

(2) 模倣に高いコストがかかるケイパビリティ

競合者同士は，お互い競合他社の最新技術や経営戦略を気にしながら分析し，比較，自社でも適用し，優位性に立てないか模索している。特に，新技術においては，模倣性が低い場合は，市場の競争優位性を長期的に確保でき，市場の独占的地位も築くことができる。

他方，技術力がある競合他社に容易に模倣されると，市場シェア獲得の妨害も可能になる。数十年かけて高い研究開発コストをかけて製品化しても簡単に模倣されるのではなく，高技術で，かつ模倣率の低い製品の研究の選定が必要である。

技術だけではなく，ユニークで価値のある組織文化やブランドネーム，さらに経営者と供給業者，顧客との人間関係，信頼，友好関係においても完成した構築関係であれば，競合他社から真似できない。

(3) 代替可能性

代替可能性は，製品及び商品・サービスだけに限らず，企業の強みが，他の企業に簡単に置き換える事の出来ない存在かどうかという意味である。消費者の需要において，特定のニーズを満たしていれば，代替品に買い替える可能性がある。既存製品の値上がり，利便性が悪化するなどの理由が，競合他社の新製品を選ぶきっかけになる。より費用対効果の高い代替品に押されることになる。

例えば，固定電話機やPHSは，現在，携帯電話などの急伸により普及されておらず，収益性を下げている。一般的なカメラはビデオカメラや高画質のスマホの普及とともに衰退し，ついには市場からほぼ消えかけている。例えば，脱プラスチックで紙のストローが登場するなど，現在の製品及び商品・サービスは，いつか他の製品に代わる可能性がある。しかし，代替製品の製品化に高い技術力や高いコストがかかる場合などは，長期的な期間がかかり，それまで市場シェアは確保できることになる。

従って，短期間ですぐに代替品が登場することが予想できる製品及び商品・サービスの研究・開発はするべきではなく，AI化が促進する中，外部環境の変化とともに，先見の目を持つ能力を持ちながら研究開発，製品化を促進しなければならない。

(4) 希少性（Scarcity）

希少性（Scarcity）は，直訳すると稀なこと，希少価値があることとされるが，経営の視点からは，特に技術力や特性において希少価値があることを指す。希少性は代替可能性や模倣可能性とも関連性があり，両者が高い評価があればその技術や特性は，希少価値もあるといえる。

市場において圧倒的な優位性があり，シェア獲得にも得られるコア・コンピタンスとなる自社能力を生み出すには，その製品及び商品・サービスの技術が競合相手に真似されにくい希少性のあるものかどうか分析しなければならない。

価値はあるが一般的な経営資源とケイパビリティは，同程度の競争力をうむ経営資源にすぎずない。例えば，スーパーが希少性のある「特売日」というサービスを始めて設定し珍しかったが，すぐに競合他社から模倣され，希少性は失われた。

上記の条件には，高い技術レベルが必要だが，それには移動可能性（Transferability）も需要であるともされている。Transferabilityの英語を直訳すると，転送，転写，譲渡などとなるように，製品化された技術を他にも応用して複数の製品化にすることを指す。

例えば，新技術の研究開発に成功し製品化できたが，競合他社に模倣され，市場シェアを奪われた場合，企業の限られた資産を集中した分だけ，取り返しがつかないことになる。そのためには，その技術を他の製品化に応用する技術が可能である。コア・コンピタンスでは，製品化の目的は1種類の製品だけではなく，複数の製品に対しても応用できる汎用性が求められている。移動可能性が高いほど，汎用性があり，次々に優れた製品を提供できることになる。

上記のように，コア・コンピタンスを見極める場合には，模倣可能性（Imitability），移動可能性（Transferability），代替可能性（Substitutability），希少性（Scarcity），耐久性（Durability）の5つの点について分析し，これらの条件を持ち合わせたケイパビリティがあれば，持続可能な競争優位を築くことが可能になる。

市場や業界の競争環境により，その企業が置かれている優位性が確立されても，環境の変化とともに崩れることがあるため，継続的な投資やコア・コンピタンスの再定義も必要である。集中を図る際にも，自社のコア・コンピタンスやケイパビリティを明確に分析することである。

注

1）「日本企業の海外M&Aに関する意識・実態調査結果レポート」2018年5月29日，経済産業省が2018年3月27日に公表した「海外M&Aを経営に活用する9つの行動」。

2）アルバート・ハンフリーは，マサチューセッツ工科大学やハーバード大学で修士号を取得した後，スタンフォード・リサーチ・インスティチュート（SRI）に勤務した。このスタンフォード時代，研究チームは，60年代から70年代にかけて，フォーチュン500のデーターから，企業の戦略が失敗に終わるのはなぜか，その理由について分析した。

3）ポーター（1995）；Porter（1980）；Barney（2013），p. 50に示されている「5つの競争要因」。

4）菊澤（2015）；Leonard-Barton（1992, 1995）；永野（2008, 2009）；渡部編（2010）。

5）Hamel and Prahalad（1994）.

6）ネルソン＆ウィンター（2007）。

7）Hamel and Prahalad（1994）.

参考文献

石井淳蔵・奥村昭博・加護野忠男・野中郁次郎（2000）『経営戦略論新版』有斐閣。
梶浦雅己編著（2014）『はじめて学ぶ人のためのグローバル・ビジネス（改訂新版）』文眞堂。
菊澤研宗（2015）「ダイナミック・ケイパビリティと経営戦略論」『ハーバードビジネスレビュー』2015年1月16日。
菊池敏夫（2006）『現代経営学』税務経理協会。
菊池敏夫他編，新川本他著（2018）『現代の経営学』税務経理協会。
ゲイリー・ハメル，C. K. プラハラード著，篠和生訳（1995）『コア・コンピタンス経営』日本経済新聞社。
永野寛子（2008）「資源ベース理論におけるコア・リジディティ概念の意義」『立正経営論集』41（1），93-119頁。
永野寛子（2009）「ダイナミック・ケイパビリティ・アプローチについての資源ベース理論からの一考察—Teece, Pisano, and Shuen（1997）および Teece（2007）に着目して—」『経営哲学』6（2），53-66頁。
マイケル・A. ヒット他著，久原正治他監訳（2014）『戦略経営論（改訂新版）』同友館。
マイケル・E. ポーター著，土岐坤・服部照夫・中辻万治訳（1995）『競争の戦略』ダイヤモンド社。
渡部直樹編著（2010）『ケイパビリティの組織論・戦略論』中央経済社。
リチャード・R. ネルソン，シドニー・G. ウィンター著，後藤晃・角南篤・田中辰雄訳（2007）『経済変動の進化理論』慶應義塾大学出版会。
D. J. ティース著，菊澤研宗・橋本倫明・姜理恵訳（2019）『ダイナミック・ケイパビリティの企業理論』中央経済社。
Barle, A. and G. Means（1932）, *The Modern Corporation and Private Property*, New York: Commerce Clearing House.
Barney, Jay B.（2013）, *Gaining and Sustaining Competitive Advantage*, 4e, Pearson.
Di Stefano, G., M. A. Peteraf and G. Verona（2009）, *Dynamic Capabilities Deconstructed, Industrial and Corporate Change*, Vol. 19.
Hamel, G. and C. K. Prahalad（1994）, *Competing For the Future*, Harvard Business School Press.
Hamel, Gary and Aimé Heene（1994）, *Competence-Based Competition*, Wiley.
Helfat, C., S. Finkelstein, W. Mitchell, M. Peteraf, H. Singh, D. Teece and S. Winter（2007）, *Dynamic Capabilities: Understanding Strategic Change in Organizations*, Blackwell.
Hitt, M. A., R. D. Ireland and R. E. Hoskisson（2014）, *Strategic Mnagement*, 11e, CENGAGE Learning.
Leonard-Barton, D.（1992）, "Core Capabilities and Core Rigidities: A Paradox in Managing New Product Development," *Strategic Management Journal*, 13（S1）.
Leonard-Barton, D.（1995）, *Wellsprings of Knowledge*, Harvard Business School Press.
Porter, Michael E.（1980）, *Competitive Strategy*, New York: Free Press.
Schaede, Ulrike（2008）, *Choose and Focus: Japanese Business Strategies for the 21st Century*, Cornell Univ. Pr.
Teece, David J.（2011）, *Dynamic Capabilities and Strategic Management: Organizing For Innovation And Growth*, Oxford University Press.
United Nations, *World Population Prospects 2019*, https://population.un.org/wpp/（2020年1月3日現在）

第5章

競争優位とマーケティング：理論と実践

1．セグメンテーション（Segmentation）

製品及び商品・サービスを販売するにあたり，対象者，販売促進方法などの決定を目的にした有効な手法としてセグメンテーションがある。

セグメンテーションは，顧客市場を細分化することであり，誰にどんな方法でアプローチすればいいのかが明らかになる。その製品及び商品・サービスの特定カテゴリーに対しての販売普及戦略として集中的にアプローチすることを目的に行われている。

Segmentationを直訳すると区分・分割の意味だが，市場を分類し，その性格にあった商品を製造・販売するためのマーケット手法，ビジネス用語としても普及している。

具体的にはマーケティングにおいて外部環境を分析し，その結果を同じグループで分類することで，タイプが明確化し，対象者に対して効果的に優位性を築く販売法を確認できる。対象者を広く，絞らなければ経営資源や経費削減も有効利用できず，効率的ではない。

近年，顧客のニーズは多様化している中で，不特定多数の大勢の消費者を対象にすると，生産過程，販売課程において膨大なコストがかかる。そのため共通点を集めてグループ分けすることで，アプローチする対象者，需要を明確化し，そのマーケティングの資源を集中的に投資することが可能になるという利点がある。

2．業界環境

企業を設立したり，集中投資し，競争行動を決めると同時に，外部環境を確認しなければならない。その外部環境には，一般環境，業界環境などがある。

中でも業界環境とは，企業とその競争行動や反応に直接，影響を与える要因で，競争要因ファイブフォースの新規参入の脅威，サプライヤー，買い手の交渉力，代替製品の脅威，競合企業との敵対関係がある。この相互作用が，業界の潜在的収益率を決めることになる。企業がポジショニングを発見し，業界環境に有利な影響を与えると，平均を上回る収益性を達成する確率が高くなる。競合他社の情報を収集し，解釈する作業は競合企業分析と呼ばれ，競合環境を理解，一般環境と業界環境を調整することになる。中でも，一般環境，業界環境，競合企業間の環境の分析で得られる予測が効果的に統合すると，企業の業績が改善するといわれている。

一般環境にはマクロ経済だけでなく環境問題や政治的な環境などあらゆるものが含まれている。これらは，新しく企業が進出する先や新店舗を設置する場合，設立場所，販売個数などを分析する時に役に立つ。また，同時に設立時には設置店舗の周辺の一般環境を知ることができる。

表 5-1　外部環境の要因

新規参入の脅威	業界に新規企業が新価格・新コンセプトで参入すると，その業界の既存企業の製品は売れなくなる
サプライヤーの交渉力	原材料のコストが上がり，それを提供する供給企業が原材料が提供できなくなったり，価格を上げるなどで，企業にマイナスを与える
買い手の交渉力	消費者側が購入する企業の製品を持っており市場は飽和状態にあるため，価格競争がおきていることなど買う消費者側に影響力がある。
代替製品の脅威	企業が提供している製品とほぼ同じもので，安い価格のものが市場にでまわった場合の影響
競合企業間の敵対関係	ライバル競合他社との関係は，研究･開発などで協力関係にあるのか，それとも，非効率なコストで敵対関係にあるのかの影響

出所：ヒット他（2014），79-94 頁などを参考に筆者作成。

一般環境とは，業界とその業界内の企業に影響を与える幅広い社会を構成するためには，いくつかの次元から成り立つが，その次元を環境で考えると，以下のとおり人口動態，経済，政治，法律，社会文化，技術，グローバル，自然環境などの要素に分かれている。

3．人口動態（Demographic）セグメンテーション

国・地域の都市の規模が経済発展段階にあっても，その場所の人口規模や年齢構成，地域的配分，所得配分，民族構成などの要素を調べておく必要がある。

まず，人口動態としては，新店舗や企業の進出の際に，人口密度が高く競争が激化しているエリアなのか，それとも人口密度が低いが競合他社もいないエリアなのかで需要を確認することができる。

人口の多くが高齢者で単身者なのか，それとも小さい子供連れのファミリー世帯なのか，年齢と家族構成で需要が決まる。例えば，単身高齢者が多い地域に大型の子供向けの学習塾などができても需要が少ない。需要と供給を分析し，自社製品及び商品・サービスのターゲットの比率などを確認することである。

(1) 人口規模

人口規模は，世界的には1959年から1999年の間に30億人から2倍に増加し60億人規模になったが，国連経済社会局人口部が発表した『世界人口推計2019年版：要旨』では2050年には現在の77億人から97億人に増加するとことが見込まれると報告された。

アメリカの国勢調査では，人口は2050年までにインド，中国，アメリカ，インドネシア，パキスタンの順になると予想している。PCやスマホなどの個人消費の市場を対象に製品を売る場合，進出する国や地域の選択に人口規模をその理由にあげることが多い。市場規模が大きい国や地域へ進出したほうが販売個数が増加する。

人口が増える国や地域は，インド，ナイジェリア，パキスタン，コンゴ民主共和国，エチオピア，タンザニア連合共和国，インドネシア，エジプト，アメリカで，逆に，低下する地域では，オセアニア，北アフリカと西アジア，中央・南アジア，ラテンアメリカ・カリブ，東アジア，東南アジア，欧州・北米である。

他方，平均寿命が延び，少子化で高齢化が進んで人口が減少している国や地域も増加している。その結果，世界の人口構成，分布が変化する。2019年現在，世界人口の11人に1人が65歳以上だが，2050年までに6人に1人となり，特に北アフリカ・西アジア，中央・南アジア，東・東南アジア，ラテンアメリカ・カリブの各地域では，65歳以上の人口割合が倍増することが予想されている。世界的に人口の増大が鈍化し，2050年に97億人に達した後は，高齢化などにより2100年頃には人口110億人で頭打ちになるともいわれている。人口構成の変化により需要も変化するが，上記のような人口構成のデーターは，持続可能な開発目標（SDGs）のグローバルな進展をモニタリングするためにも非常に重要な役割を果たす。

(2) 年齢構成

2050年までにアメリカの人口の5分の1が65歳になり，今世紀後半までに数か国の先進工業国では平均寿命が100歳を超えるとしている。日本では2040年に生産年齢人口は5700万人に縮小し，生産性を上げるためのAI化が促進するが，ベビーブーマーが若い層へ技術，知識を移転する必要もある。企業内でも人的資源管理の意味で，年齢の構成を考えて，後継者育成や企業維持，人材の流出を避けるためにも戦略を考えなければならない。

例えば，店舗開業する場合も，高齢者が増加すれば，高齢者に優しいバリアフリー用のトイレなどの設置，車いす用のスペースの確保，補聴器の準備などが必要になる。

子供服や塾などの分野は市場縮小にともない小さいパイを奪い合うことになるが，高齢者用のビジネスは市場拡大で需要が増加することがわかる。従来の一般的な製品及び商品・サービスも，高齢者向けにアレンジするだけで需要増加につながることもある。また，広告や販売促進方法においても，高齢者に対してSNS注力するよりも，文字を明瞭化し，拡大化するほうが有効である。年齢構成は戦略に大きな影響を与えるが，年齢構成は年々，少しずつ変化しているため，年齢構成に対する戦略はその都度，見直しが必要である。

(3) 地域分布

日本では東京をはじめ都市部に人口が集中しており，地方では過疎化が進んでいるが，中国でも半数は農村に住んでいる中，都市部への移動が進んでいる。しかし，アメリカでは，人気のエリアは，北東部から五大湖地域から西部のカリフォルニア州，フロリダ州，そしてテキサス州へ移動し，ニュージャージー州などでは人口流出に伴い撤退した企業も増えた。

企業にとっては，人口流出は脅威になり，人口流入は機会になるため，地域の人口分布，また，それに伴う政策などには敏感になる必要がある。例えば，東京の一部の区では，ファミリー世帯が区内に転入した場合，引越代金の一部に助成金が出る。地方でも三世代同居や都市部からの移住してきた場合に，助成金が出る。人口流入政策を出している地域では，住民税，所得税の収入が見込まれ，また個人消費の増加も期待できる。

このように，企業も人口流入・流出の推移に注視し対策をとる必要がある。

(4) 人種構成

アメリカでは，ヒスパニック系は最大の少数民族になり，ブラジル，メキシコに次ぐ3番目の多さである。主要な言語はスペイン語になり，製品やサービス・商品を提供する際の説明書から広告やSNSでのアプローチまでスペイン語が必須になり，スペイン語教室も増加した。また，食品業界では，ヒスパニック系の消費嗜好のニーズを分析する必要性もある。

人種が増えるたびに，文化，宗教，言語に嗜好などのニーズを調査する必要がある。

アメリカ以外でもアフリカ諸国など人種が多様化している中，韓国，日本では人種が最も多様化していない国とされている。人種構成はまだ日本では馴染みがない人が多いが，日本企業が海外進出する際などには注視しなければならないのが人種構成とその分析である。

(5) 所得配分

企業は家族構成や平均所得，支出金額，推移，内容などは常に把握し，自社製品及び商品・サービスを提供する価格に対して敏感でなければならない。専業主婦世帯から夫婦共働き世帯に変化した場合，平均所得が上がり支出も増加している。また大学生や新入社員向けの寮が多い地域は，単身世帯として収入も低い。

表 5-2　人口動態セグメントの要素

1）人口規模	世界の人口の増減，推移などから市場マーケティングの需要を予測
2）年齢構成	少子化，高齢化，平均寿命，生産人口などから企業の生産性向上のための戦略を立てる
3）地域分布	人口が国・地域のどこに分布，移動しているのかにより，企業は供給場所を常に確認
4）人種構成	人種の多様化によりニーズが変化するため，それぞれの人種の分析と需要において，より敏感に対応する必要がある
5）所得配分	企業は所得が高くなれば支出の増加も期待できるが，低く成れば価格設定などの対応も求められる

出所：ヒット他（2014），57 頁などを参考に筆者作成。

上記のように，人口動態変数（セグメント）とは，人口規模，年齢構成，地域分布，人種構成，所得配分など人口に関する要素のことである。

セグメントの対象を，年齢で分類すると若者，中高年，高齢者などと分けられ，家族構成で分類すると単身世帯，家族世帯となり，合わせると高齢単身世帯，2 人以上の高齢世帯と分けられる。所得は，低所得者層，中間所得者層，1000 万円以上の高所得者層などと分けられ，さらに既婚者，未婚者の区別，専業主婦，働いている主婦などまでグループ分けすることができる。

例えば，旅行会社の「おひとり様バスツアー」は独身者に消費の対象者を絞ったツアーを実施した。また，テレビの視聴率調査などに用いられる「M1」（男性20〜34歳）「F1」（女性20〜34歳）といった性別×年代も，番組のコンセプトを考える上で，明確化したものである。男性用漫画の少年ジャンプは10代から20代の男性を対象に，雑誌のSPAは中高年を読者対象にしている。ファッション雑誌でも50代以上は「クロワッサン」「婦人画報」，30代から40代は「InRed」「Steady」「LEE」「VERY」などと対象者を明確にしている。さらに，カジュアル系，コンサバ系，フェミニン系，コンサバ系などと読者対象者を明確化している。それにより，雑誌に登場するタレント，モデルを誰にするのか決め，読者と近い年齢のタレントを選ぶことで購入者が親近感を覚え，読者層が増える可能性がある。

例えば，レストランを特定の地域に開店する場合，想定する来客の所得や世帯，年齢により，駐車場や駐輪場，キッズルームの確保，提供するメニューの価格が決まる。人口密度が高く，周辺にオフィスが多ければ，昼間ランチ時間帯に会社努めの客が集中するため，ランチ時間のみ従業員スタッフの手配を数人増加する必要がある。

また，働く主婦が多い地域のスーパー食品コーナーにはお総菜食品を多く販売しており，周辺にはレストランも多くみられる。一方，専業主婦が多い住宅地では，主婦がお茶の時間に気軽によって長話に利用するコーヒーショップ，喫茶店などが多い。

上記の要素を事前に調査することで提供する製品及び商品・サービスの種類，価格，販売スタッフの募集人数なども想定できる。

マーケティングとして対象消費者を絞り込むだけでなく，外部環境も分析する必要がある。

4．経済のセグメンテーション

外部環境においては，経済や政策面でもセグメンテーションが必要である。これは，企業が競争している経済の特質と方向性のことである。企業は経済成長している国や地域を選び，その市場にて競合他社と競争する。しかし，個人消費は拡大しているのか，または，すでに市場は安定・衰退期に入っているのかで企業の戦略も変わる。

経済のセグメントの要素には，インフレ率，金利，貿易収支，国家予算，個人貯蓄率，法人貯蓄率，国内総生産高などがある。

(1) インフレ率

インフレ率が高い時は，企業の製品及び商品・サービスの提供価格は高くなることが予想されるが，高すぎると消費者は節約し買わなくなる。インフレ物価上昇中は，競合他社との価格をみながら，価格には敏感にならざるを得ない。

(2) 金利

金利が低いときには，その金利のために支払う金額が少ないため，銀行から借金をしてでも新規に店舗増加することができるが，金利が高いときには銀行からの借金を控えないと支払金額が増加する。

(3) 貿易収支

貿易収支は，中国，アメリカ，韓国などの国・地域への輸出，輸入に対して赤字になっているのか，黒字になっているのかは，為替レートだけでなく，物流にも影響を及ぼす。関連国のそれぞれの経済状況も大事であり，消費大国であるアメリカへの輸出が減少すれば，日本での在庫が増えるため，生産を控えるなどの調整をする必要がある。

(4) 国家予算

国家予算は，法人税や国債発行などからの歳入と，歳出がある。歳出には，政策に使われる一般歳出，地方の財政を補填する地方交付税，借金の返済にあたる国債費，年金・医療などの社会保障関係費，防衛費も含まれている。

企業が地方にある場合，地方交付税がある。この割合により交通の利便性が高まり，流通面でインフラの整備なども重要である。

また，高齢者増加で，社会保障額が拡大することにより，医療費の保険適用枠が変わり，一般の薬代金などの価格への影響や介護施設への助成金などの減少なども考えられる。企業が介護ビジネスに関連している場合，影響がでてくる。軍事費拡大も同様に，軍事関連製品に係っている企業は，影響がでる。国家予算の歳出と歳入は企業にとって影響を与えることになるため，その対策をとる必要がある。

(5) 個人貯蓄率

個人貯蓄率の増減は，消費に影響を与えるだけでなく，銀行や証券会社の金融商品のコンセプトもかかわってくる。日本のGDPの6割を占める個人貯蓄率は個人消費との関連性も高い。日本人は将来のことを不安視して貯金する傾向にあるが，しかし，現在，日本の貯蓄率は経済協力開発機構（OECD）では，下から6～8番目という低さである。GDPの20％のノルウェー，10％前後のスコットランドなどに比較すると，日本は数％でしかない。オイルショック直後の1974年まで家計貯蓄率は上がり続け，ピーク時にはGDPの23％を占めていたが，2000年からは急速に低下している。2013年は1％を下回り，現在は4％前後でしかない。若者は平均所得が低く，家賃が高く貯蓄できない中，高齢者は貯蓄を切り崩し減少している。余裕資金が減り消費の拡大が見込めない中，企業は，ターゲット層，販売戦略においてより慎重に分析しなければならない。

(6) 法人貯蓄率

法人貯蓄率とは内部留保の比率のことであり，日本企業は先行き不安な経済予測のため労働分配率を上げず，低金利で設備投資に資金をまわさずに，企業内に貯金を蓄えている状況である。しかし，海外投資家などからの指摘により，人件費，設備投資や配当金の増加など要求され，市場拡大を求め，海外へ進出する企業も増加している。

表 5-3　経済のセグメントの要素

インフレ率	物価が少しずつ上がっている場合，原材料やライバル企業の価格と比較しながら価格を上げるなどの判断をせまられるが，売れなくなるリスクもある。
金利	低金利の時には，企業は銀行から借金をして設立しやすくなるが，高金利の場合は，借りにくくなり，また借りることができても高い金利の支払いに追われることになる。
貿易収支	企業の製品の輸出先，または原材料の輸入元の国の経済状況により，生産や在庫の調整，また為替レートでの利益に対応する必要がある。
国家予算	国の歳出，政策に企業は影響を及ぼすため，内容を早めに把握，対策をとる必要がある。
個人貯蓄率	個人貯蓄率の増減により消費に影響を及ぼすが，高齢者の貯金は生活費に消えることも多く，年齢層による貯蓄，消費分析も必要である。
法人貯蓄率	法人貯蓄率の推移は企業の設備投資，従業員への報酬，株主への配当金などへの影響を与える。
国内総生産高	内閣府が公表する国内総生産（GDP）は，国内で一定期間内に生産されたモノやサービスの付加価値の合計額のことを指す。この GDP の推移が伸びている国へ進出するなど，GDP が企業の進出の判断基準になる。

出所：ヒット他（2014），57 頁などを参考に筆者作成。

(7) 国内総生産高

内閣府が公表する国内総生産（GDP）は，国内で一定期間内に生産されたモノやサービスの付加価値の合計額のことを指すが，GDP の推移が伸びている国・地域へ進出するなど，GDP が企業の進出の判断基準になる。

経済のセグメンテーションをすることで，進出する企業をとりまく環境がわかり，進出，撤退などの判断材料になる。

5．政策・法律のセグメンテーション

市場が拡大，経済も成長していても，政策により企業が悪影響を及ぼすこともある。消費税率を上げると，消費の需要が減少し，在庫が増加，金融資源への引き締めなどへ続く懸念がある。

政治や法律のセグメンテーションとは，政府は企業から税収面で影響を受

けている中，競争的な市場にいる企業においても，政策から影響を受けている。このセグメントは，企業と政府の相互の影響関係，また，その政治的戦略についてのことである。

例えば，ギャンブルを合法化したネバタ州においては，ゲームなどの関連企業にとってはチャンスとなり進出が増加した。一方，個人情報保護法で高度なプライバシーを求めた規制では，ネットショッピングなど双方向のプラットフォームなどのIT企業などは対応に追われている。

例えば，政策により認可保育園の設置が増加，入園基準が緩和されると，民間の保育園に入園する乳幼児が減少し，利益が激減する。

また，中国では国有企業が多いが，政策や市場への助成制度や法制度がよく変わるため，企業は変化への対応が困難で不利になることも多い。

このように，政策を業界別で考える必要もあるが，消費税増税対策などの政策により全体の消費行動に影響を与えることもある。政策に関する要素は充分に把握しておかなければならない。

6．社会文化のセグメンテーション

社会，文化のセグメントは，社会の動向，文化的価値の要素であり，それは時に人口動態，経済，政治，法律，技術に影響を与えることもある。

世界的に65歳以上の人口が増加している中，医療問題は深刻化している。医療コストの増加に歯止めが利かない。医療に関する動向，価値観の変化は医療関連の企業にも変化をもたらすことになる。

日本企業が海外や地方などに進出した際に，文化及び生活習慣，宗教などを充分に確認した後に，その国・地域に需要のあるモノやサービスを提供しなければならない。

海外の嗜好を取り入れた成功例では，韓国のキムチ味など激辛にしたポテトチップスなどは訪日韓国人観光客などを対象に販売したものである。

例えば，日本全国の産地の特色をいかした菓子メーカーは，博多辛子明太子の味をプリッツなどにした。博多ではお酒と一緒に辛い明太子を食べる習慣があるが，プリッツ菓子を酒のツマミとして取り入れた例である。

関東では春ごろにスギ花粉による花粉症対策グッズが必要であるが，これらも地理的な要因から発生した商品である。

上記のように，特に，海外に進出する際には，地理的変数を十分に理解していないと，マーケティング戦略は失敗する。例えばシンガポールなど一年中暑い国に日本のホッカイロを販売しても売れないし，イスラム教の多いインドネシアに日本酒を販売しても売れない。歴史的背景から日本のテレビコマーシャルで配慮のないPR戦略により売れるモノも売れなくなっただけでなくイメージダウンした企業も多い。

7．その他のセグメンテーション

(1) 技術的セグメンテーション

企業は新製品，生産工程，原材料の調達など新しい技術が常に求められている。技術的変化に遅れては，イノベーション改革，市場の需要に遅れ在庫が増加するだけである。新技術を採用した企業のほうが，製品が注目され，収益性や競争優位性も高くなる。インターネット，ワイヤレス，プラットフォーム，アプリなどのビジネス，5Gへの対応が遅れるとせっかくの機会が脅威になり，事業全体が衰退しかねない。

(2) グローバルセグメンテーション

グローバル・セグメントを検討する際には，変化する既存の市場を分析し，他国の政治的不安要素なども含めてチャンス機会にすることができるか調査することである。

例えば，自動車メーカーにおいては，日本，欧米では自動車の販売台数は減少，市場は飽和状態から衰退し，生産過剰な国になっている。一方，現在，需要の高い中国，ブラジル，ロシア，インドなどにおいても，すでに販売台数の伸びはやや低迷している。他方，インドネシア，マレーシアではトラックの需要が見込まれている。

上記のようにグローバルに機種ごとに需要を分析し，日本の既存の市場にとどまることも脅威になり，需要のある国際市場に参加することを機会としてとらえグローバルゼーションにアプローチする必要がある。

中でも，中規模企業では，グローバルニッチ市場が注目されている。リスクを限定し，コア・コンピタンスを構築すると，市場が設定しやすくなる。

(3) 自然環境セグメンテーション

世界的に自然が破壊している中で，企業はCSR（社会的責任）や社会貢献なども求められている。

ストローなどのプラスチック類の不使用やレジ袋の有料化など日本では世界に大きく遅れをとっている。それだけに海外に進出した際には，これらのことを非常に敏感に対応しなければならない。環境問題に配慮するとこれまでよりもコストがかかることになり脅威になる。しかし，あえて環境問題に対応した製品を製造することで，受け入れられている企業もある。例えば，中国向けのPM2.5対応の空気清浄機やエアコンなどである。

(4) 心理的変数

上記のような外部環境などにより顧客対象者をグループ分けした後は，さらに細かく分ける必要がある。

その場合に必要なのが心理的変数であるが，心理的変数とは，パーソナリティ，価値観，趣向，ライフスタイル，心理的特徴のことで，健康志向なのか，都会派なのか，保守的なのか，新しいものが好きなのか。インドア派，アウトドア派，家族主義，本物嗜好，田舎嗜好など消費者の対象者をイメージすることで，販売戦略も，より効果的に変わってくる。

例えば，高級ブランド嗜好者にユニクロなどファストファッションのメールマガジン，SNSなどの広告を出しても無駄な投資になる。また，アウトドア派に，ベンツや任天堂のゲームや書籍などを進めるよりも4WD，ミニバンの車，スポーツ用品のチラシ，広告アプローチのほうが販売促進効果が出やすい。

(5) 行動変数

行動変数とは，曜日・時間，購買の状況・経路・頻度などの消費者が実際に購入した要素のことである。誰がどこでいつ何をどのようにして購入したかなどのことで，それには一定の行動ルーテーションがある。

例えば，雑誌を購入する人は，ネットで購入するのか店で購入するのか，その傾向は一定している。また，月に1回定期的に購入しているのか，付録つきの時のみ購入しているのか，など実際の行動方法を知ることで，販売戦略方法が明確になる。

たばこの購入者はヘビーユーザーなのか，ライトユーザーなのかでアプローチが異なる。また，家具の購入者は，機能性，外見など重視する項目の優先順位でアプローチが決まる。時計は，ROLEX をつけている人には高級時計の需要があるが，G-SHOCK の需要は少ない。これらの行動変数を知ることで，より効果的なマーケティング戦略ができる。

「毎日，パンを購入する人が多い」というデーターだけで，ランチ時間やおやつの時間帯にオフィスにパンを販売に行っても購入されない。毎朝，会社に行く前にコンビニで必ず2個，菓子パンを購入するという行動は変わらず，昼，午後，夕方に変更することはあまりない。毎朝購入する時間帯がちょうど8時だとすれば，それより前にコンビニで新商品の菓子パンをアプローチすれば，購入するチャンスにつながる。

8．ペルソナ

消費者を区分けするには，その対象者を確定することであり，つまり，Rank（優先順位）：顧客層の優先順位をつけることで，販売対象のグループを明らかにする。また，Realistic（有効規模）：対象グループを明確にした後，その対象消費者から十分な売上・利益を確保できるだけの人数は確保できるかを明らかにする。Reach（到達可能性）：対象にした顧客層には，的確に商品が届くのかを明らかにする。Response（測定可能性）：顧客からの反応を分析，確認することで嗜好を明らかにする。

上記のようにマーケティングにおけるセグメンテーションは，大まかに顧客の対象者を絞ることで，新しく店舗を設置する場所を決める時に役に立つ。また，店舗が決まった後の販売個数などにも参考になる。行動変数は，よく「ペルソナ（persona）」のマーケティング戦略と間違えられるが，ペルソナは，個人のプロフィールをより具体化することである。

例えば，セグメンテーションでは「20代のコンサバ系の女性」だが，ペルソナでは「35歳，定期的にファッション雑誌のOggiを購入しているブランド志向で年収900万円の独身女性，習い事は茶道と華道で目黒の高級マンションに住んでいるAさん」というふうに実際にいる人のようにモデル化することである。ペルソナとは，製品及び商品・サービスの典型的なユーザー像のことで，近年，マーケティング関連において注目されている手法である。実在する人物を想定し，年齢，性別，居住地，職業，役職，年収，趣味，特技，価値観，家族構成，休日の過ごし方，ライフスタイルなどリアリティのある詳細な情報を設定する。

例えば，無印良品は，「顧客に合った商品紹介とは何か」を追求するために，150万人のメール会員に週3回，全員に同じ内容を配信していたが，「One to Oneメール」を実施し，一人ひとり個々の嗜好に合わせたいと模索し，シンプルな生活を好むタイプのペルソナを寝具・化粧品・食品などの分野で10タイプのペルソナにわけて売り上げを伸ばした。

また，地下鉄や駅の構内にあるSoup Stock Tokyoは，女性，37歳，トマトが好きな働く独身女性という顧客Aさんを想定し，当初はAさんに好まれるスープを作り，その後顧客をEさんまで増やし，AさんからEさんまでの嗜好にあったスープを開発した。

TBCのMEN'S TBCは，三軒茶屋のワンルールマンションに住んでいる都内のA学院大学に通う20歳の男性を想定してPR戦略を展開した。

また，アサヒビールでは，具体的に年収900万円で44歳の家族持ちで，自営業の男性に，ビールを購入してもらうように考えた。

カルビー・ジャガビーは，27歳，独身，女性，東京都文京区在住，ヨガと水泳，Oggiのファッション雑誌を読む人をペルソナとして設定した。

つまり，セグメンテーションは，対象者を大雑把に絞ることで，店舗拡大するのに進出先及び販売個数，従業員数などの設定などに役に立つのに対して，ペルソナは，具体的に一人を想定しモデル化することで，販売プロモーション戦略としてSNSを中心に顧客の拡大などに役立てるものである。

9．ターゲティング

ペルソナと似ているものに，ターゲティングがあるがターゲティングは「20代，女性，料理好き，主婦」のみに設定したもので，セグメンテーションより少し絞られた対象者を想定する。

製品及び商品・サービスのユーザー像を考えるという点ではターゲットもペルソナも同じではあるが，人物像の設定を深く想定しているのがペルソナのマーケティング戦略である。

マーケティングにおいては，顧客対象者は誰なのか，その顧客像を明確にするのがターゲティングである。

10．ポジショニング

(1) ポジショニングの重要性

ポジショニングとは，消費者にとっての競合他社の製品及び商品・サービスと自社製品の製品及び商品・サービスと比較した時のポジションを明確化することである。

ポジショニングにより，自社製品と競合他社との差別化を明確化し，その消費者に特徴づけることを行う。ポジショニングは，縦軸と横軸でできた二次元のポジショニングマップを使うが，その重要な点は以下のことである。

① 企業のポジショニングが，顧客に正確に伝わること
② 企業のポジショニングの内容に関して顧客が共感すること
③ 企業と製品のポジショニングのイメージの整合性がとれていること

このポジショニングにより，競合他社の製品及び商品・サービスと重複しない差別化されたポジションを明らかにし，競争優位性を確立できる。

(2) STP分析

上記のように，Segmentation（市場細分化：セグメンテーション），Targeting（ターゲット層の抽出），Positioning（ポジショニング）の3つの頭文字をとった分析手法のことをSTP分析という。Segmentation（セグメンテーション）は市場を細分化し顧客対象者や市場をグループ化して絞ること，Targeting（ターゲティング）は，ターゲット層を明確化し，Positioning（ポジショニング）は自社の立ち位置を明確化し競争優位性を促すことである。STP分析はアルフレッド・スローン（Alfred Pritchard Sloan）の提唱した「顧客セグメンテーション」といわれている[1]。

GM（ゼネラルモーターズ）社の社長として，フォード社を抜いて業界トップに導いた時の分析手法が，セグメンテーションである。所得階級によって車へのニーズが異なることを分析，ニーズに応じた多品車種量産の生産スタイルで，単一車種量産スタイルのフォードとの違いを打ち出した。

11. 時代別マーケティング理論

スローンが実践した「市場の細分化」と「製品の差別化」はSTP分析の走りであり，今でもなおマーケティングの基本戦略として重要性は変化していない。セグメンテーション，ターゲティングはウェンデル・スミス（Wendell Smith）が提唱，ポジショニングはアル・ライズ（Al Ries）とジャック・トラウト（Jack Trout）が概念を提唱した[2]。

さらに，マーケティング論の権威者であるノースウエスタン大学ケロッグ経営大学院教授フィリップ・コトラー（Philip Kotler）がSTP分析をマーケティング理論として確立した。

コトラーはマーケティング論を総括した『コトラーのマーケティング・マネジメント　ミレニアム版』（ピアソン・エデュケーション，2001年）の著書で有名であるが，その中でもマーケティングとは「ニーズに応えて利益を上げること」と定義している。

STP分析は製品・商品を中心に据えるマス・マーケティングから進化し，顧客志向のマーケティングとなり，その後は，ソーシャルマーケティング時代の新法則，スマートフォン時代の究極法則と進化した。

マーケティング4.0は「Moving from Traditional to Digital」（スマートフォン時代の究極法則）とあるように，IT，デジタル時代におけるマーケティング戦略が重要で，伝統的マーケティングとデジタルマーケティングの統合を提案している[3)]。

消費者志向からマーケティング2.0では，企業戦略の中に製品及び商品・サービスの差別化が重要である。しかし，顧客とは，単に目の前の消費者だけではなくマインド，ハート，精神を持つ全人的存在であるとし，マーケティング3.0では，その顧客へのアプローチ，価値主導が大事で，製品及び商品・サービスを提供するということは機能的なものではなく，精神の充足をも目指す，人間中心のマーケティングとし，顧客，社会の期待には応えることが必要としている。マーケティング4.0では，顧客の自己実現を支援したり，促進したりするような商品やサービスを開発することが大事としている。マーケティンにおいても，伝統からデジタルへ移行する中で，SNSによるニューウェーブの技術の発展により，自己実現したい体験型の消費者が増加している。

例えば，自己実現においては，ITを駆使するミレニアム世代の起業家が週末体験型消費などを提供しているように，日本においても体験型消費は好調で重要なポジションに位置している。

12. カバレッジ戦略

上記のようなマーケティング方法には，まずは市場を細分化する必要がある。市場は消費財市場と生産財市場に分けられるが，それぞれの変数が基になっている。

(1) 消費財市場

消費財市場には，前述したように人口動態変数（年齢，性別，家族構成，職業など）があり，地理的変数（地域，人口密度，住まい，文化，行動範囲など），社会心理学的変数（ライフスタイル，価値観，パーソナリティ，購買動機など），行動的変数（購買活動，購買心理，購買契機など）である。

(2) 生産財市場

生産財市場には，人口（業種，規模など）やオペレーティング変数（使用頻度，顧客の能力など），購買アプローチ変数（購買方針，購買意欲など），状況要因変数（緊急性，受注量など）がある。また消費行動は多様化し変化している。その都度，対象者を確認しなければならない。

例えば，ターゲットの適切性，ポジショニングは顧客に正確に伝わっており，共感，イメージは整合性があるかなど，その細分化された市場においてどのセグメントを自社のターゲットとするのか決定し，製品及び商品・サービスのコンセプトやブランド・イメージ，価格帯にあった消費者のグループを選択する。セグメンテーションを行うと，ターゲットグループが導かれ，かつ対象者のいる市場をどの範囲に設定するかを決定する「市場カバレッジ戦略」に導かれる。

(3) 無差別型マーケティング

カバレッジ戦略には，無差別型マーケティング（フルカバレッジ）があり，市場セグメント間の違いを無視して，共通の製品及び商品・サービスを提供，全商品を全市場に提供する方法がある。

上記は，経営資源が豊富にある大企業に多くみられる戦略である。

例えば，ペットボトルでミネラルウォーターや麦茶，お茶の販売，トイレットペーパーなど一般に使用する消費者向けの製品及び商品・サービスである。

(4) 差別型マーケティング

無差別型マーケティングが，無差別に対象者を決めずに販売することに対して，差別型マーケティングは，いくつかの市場セグメントを取り上げ，各市場セグメントに対して，それぞれ異なる製品及び商品・サービスを提供する戦略のことをいう。

カシオの時計でいえば，女性向け，子供向け，登山向け，男性向けの時計があるように対象者により製品も変えて売る。また各自動車メーカーも，小型車から大型車の生産販売などにおいて，対象者を国・地域により安い価格の小型車，建設ラッシュの国ではトラック，大型車などの生産というように分けている。

(5) 集中型マーケティング

ひとつの市場セグメントに注目し，そこに経営資源を集中する戦略で，強力なブランドが確立されている製品には，ポジショニングにより，そのセグメントの中にある競合製品と比較し，自社のポジションを決めることで対象となる製品及び商品・サービスを表す属性から，どの変数を使うことで有利になるかを分析する。変数は市場のニーズに合わせて設定する。つまり，ポジショニングにおいて，まず製品及び商品・サービスのカテゴリの設定した後，価値軸の創造，ポジショニングマップの作成により，差別化を明確化することができる。

13. 非価格競争

企業間の競争は価格競争だけではなく，非価格競争も重要である。非価格競争の方法は以下の通りである。

① 製品の差別化・多角化
② 販売網の強化
③ 広告・宣伝

④　決済条件

⑤　販売促進政策

⑥　サービスの強化・多様化

とりわけ，上記の④決済条件は国内外の競争市場において有効性の高い条件である。

銀行取引枠の拡大，有利な融資条件の確保，自己資本調達の容易さ，担保物件の増大などの資本調達力の強化，経営基盤の強化が不可欠となる。個人消費者が自動車や住宅，また携帯電話などにおいても購入時には，長期的な分割払いを選び，また金融機関からローンを借りることが可能なら購入する人が多い。その際の支払利息，割引料などの金利負担が販売費と同じように間接費として製造原価に付加されるためコストの上昇，利益部分の縮小をもたらす。

他方，企業においては短期運用資金の不足，回収不能の不良債権に転化するリスクもあり，定期的な管理体制の強化が必要である。

企業間の信用においても企業の売上高増加，市場占有率の拡大という量的拡大のための非価格競争は決算条件の長期化と無関係ではなく，販売促進に大きな影響を与えている[4)]。

注

1）Farber（2002）；スローン（2003）。

2）アル・ライズ（Al Ries）は，アメリカのマーケティング戦略家で，インディアナ州のDePauw大学を卒業。ポジショニングのジャック・トラウト（Jack Trout）と共に世界の広告『アドバタイジング・エイジ』誌に連載した「ポジショニング時代の到来」で注目された。現代マーケティング，ポジショニングの第一人者として知られる。ジャック・トラウトもアメリカのマーケティング戦略家としてゼネラル・エレクトリック社の広告部門でキャリアをスタートさせ，その後，アメリカのタイヤ・メーカーユニロイヤル社の宣伝部長になったという経歴がある。

3）*Marketing 4.0: Moving from Traditional to Digital* は，日本でも2017年，『コトラーのマーケティング4.0　スマートフォン時代の究極法則』として朝日新聞出版より発売した。

4）菊池（2006），194頁，第8章「企業の市場行動」第3節。

参考文献

Barnard, C. I. (1938), *The Functions of the Executive*, Harvard University Press.

Barney, J. (1991), "Firm Resources and Sustained Competitive Advantage," *Journal of*

Management, 17 (1), pp. 99-120.
Farber, David (2002), *Sloan Rules: Alfred P. Sloan and the Triumph of General Motors*, University of Chicago Press.
Ries, Al and Jack Trout (1986), *Positioning: The Battle for Your Mind*, New York: Warner.
Smith, W. R. (1956), "Product Differentiation and Market Segmentation as Alternative Marketing Strategies," *Journal of Marketing*, Vol. 21, No. 3.
アルフレッド・P. スローン Jr. 著，有賀裕子訳（2003）『GM とともに』ダイヤモンド社。
大村邦年（2012）「ファストファッションにおける競争優位のメカニズム―INDITEX 社 ZARA の事例を中心に―」『阪南論集　社会科学編』Vol. 47，No. 2。
菊池敏夫（2006）『現代経営学』税務経理協会。
グロービス経営大学院編著（2017）『MBA 経営戦略』ダイヤモンド社。
国際連合広報センター「世界人口推計 2019 年版：要旨」2019 年 7 月 2 日。
サム・ウォルトン著，渥美俊一・桜井多恵子監訳（2001）『私のウォルマート商法』講談社。
遠山曉（2007）『組織能力形成のダイナミックス―Dynamic Capability』（日本情報経営学会叢書）中央経済社。
ドン・ソーダクィスト著，徳岡晃一郎・金山亮訳（2012）『ウォルマートの成功哲学』ダイヤモンド社。
フィリップ・コトラー，ケビン・レーン・ケラー著，恩藏直人監修，月谷真紀訳（2014）『コトラー&ケラーのマーケティング・マネジメント（第 12 版）』丸善出版。
フィリップ・コトラー，ヘルマワン・カルタジャヤ，イワン・セティアワン著，恩藏直人監訳，藤井清美訳（2017）『コトラーのマーケティング 4.0　スマートフォン時代の究極法則』朝日新聞出版。
フィリップ・コトラー，ヘルマワン・カルタジャヤ，イワン・セティアワン著，恩藏直人監訳，藤井清美訳（2010）『コトラーのマーケティング 3.0　ソーシャルメディア時代の新法則』朝日新聞出版。
マイケル・A. ヒット他著，久原正治他監訳（2014）『戦略経営論（改訂新版）』同友館。
マイケル・E・ポーター，竹内弘高訳（2018）『競争戦略論Ⅱ　新版』ダイヤモンド社。

第6章

企業の組織構造：人的資源管理

1．人的資源管理と戦略的人的資源管理

経営資源とは経営学用語で，「ヒト」「モノ」「カネ」「情報」の4つを指すが，この「ヒト」である人材に注目したのが人的資源管理である。優れた技術力などの能力を発揮できる経済的な価値のことを指す。

また，人的資源管理（HRM：Human Resource Management）は，人材育成，人材開発など個々の能力を発揮できるように，組織において重要な位置を占めるようになり，企業や組織の目的を達成するために経営資源のうち大事な柱となるものである。人的資源を有効に活用できると，企業の戦略が効率的にスピーディに達成することができるメリットがある。

人材を戦力として成功させるポイントは，管理職が組織の掲げる共通した目標へ向かい活動させられるかということである。そのために，管理者は企業の発展とともに成長する経営資源を研修などの人材育成をすることで常にモチベーションを高め，それを維持し，その能力を活かす必要がある。

人的資源管理というのは，人事労務管理の領域において1970年後半からアメリカで急速に普及した。1980年後半から戦略的人的資源管理と呼ばれることもあり，企業の活動と結び付けてとらえられるようになった。人的資源管理が戦力として補完的に戦略をサポートし機能すれば，企業が立てた目標に早く達成できることになる。

人的資源管理は，人的資本理論（Human Capital Theory）と行動科学（Behavioral Science）や組織行動論（Organization Behavior）などの範囲

である。従来の人事労務管理より広い範囲で総合的にとらえている。ハーバード・ビジネス・スクールでは，「企業と従業員との関係の在り方に影響を与える経営行動の全てを統括しているもの」と定義されている。

人材をいかすための人的資源管理として注目されるのがモチベーションを上げることが可能な人事制度である。人事課では，人材を採用し，働き方を評価し報酬を決める。また，才能を活かすために適材適所への部署の配置と異動をする。評価が高ければ昇進も行う一方，評価が低ければ降格，退職，解雇を促すことも可能であり，人事制度を通じて，組織の構成員として影響を与えることができる。

組織行動においては，管理職が動機づけを行うことで，モチベーションを高め，目標達成のために行動を促す方法もある。

アルフレッド・D. チャンドラー（Alfred D. Chandler）[1)]は，デュポン，ゼネラル・モータース，スタンダード石油ニュージャージー，シアーズ・ローバックの研究結果にて，量的拡大，地理的拡大，垂直統合，製品多角化を伴うような企業規模の拡大化においては，意思決定を分権化する必要があり，単純なピラミッド型ではなく「事業部制」が必要であることを指摘した。企業が規模を拡大する場合には，戦略の変更と共に事業部制にすることが必要であるとしている。外部環境など市場の動向によっても，経営者は適切な方法で組織を体系化する必要があることを論じた。

規模の拡大だけでなくて，戦略の変化により，募集条件や人材の配置を変えることが必要になる。外部環境の変化に戦略を合わせて，課題解決のためにその戦略に適した人材が必要になる。販路の拡大には営業職の人材が必要になり，企業の技術力を高めるためには，高度技術者が必要になる。各人において，採用から評価，報酬，配置と異動，昇進，退職・解雇まで環境の変化とともに求められる人材も変化する。戦略と人的資源管理には整合性が必要である。

しかし，人的資源管理における異動や評価などは，個人のとらえ方によっては感情も左右され必ずしもプラスに働くとは限らない。従って，他の経営資源と比較すると，常に変動的であり，リスクも伴う。大事な人材が流出したり，企業にとってネガティブに働く懸念もある。そのため企業は常に有効に人的資源を活用するために，人的資源の管理・マネジメントが必要不可欠となる。特に，近年は，人的資源管理が重視されている。

近年は戦略的人的資源管理（SHRM：Strategy HRM）として，戦略と人的資源（管理）を関連付けていることがある。戦略と組織構造の関係を経営史的にした前述した経営史のチャンドラーである。

一言で，戦略的人事管理論（SHRM）論といっても，①ベストプラクティス・アプローチ，②コンテインジェンシー・アプローチ，③コンフィギュレーション・アプローチなどの区別が可能であり，組織目標の達成を可能にするための人的資源の計画的活用のパターン及び行動と意図することが多い。組織の戦略を実現するためのプロセスにリンクしていなければならないという点が指摘できる。

2．雇用・採用・異動

日本における採用方法は，まず新入社員が就社し，契約を結び，その後，適切な部署に配置するメンバーシップ型であるが，欧米では，その職務，職業で募集し採用するジョブ型である。新卒一括採用方式のため人材と能力は研修終了後，人材の成長をみながら配置場所を考えるのが日本式 HRM である。1980 年代後半は，アメリカの自動車産業においては，日本式 HRM は効率よく高品質の製品を生産する上でかかせないと評価された。他方，日本式の管理職の昇進制度では，グローバル展開しているのに不平等でモチベーションを上げられない。経済が低迷し日本企業も研修にコストをかけられなくなり，転職も加速化し雇用の流動化が促進しキャリア形成も自己責任で行うようになっている。

人事異動の本来の目的は，人材を有効に活用するためであるが，部署の年齢構成や地位のアンバランスの解消，退職者の穴埋めで配置する企業も少なくない。

人事異動とは，企業において社員の部署・配置を換えるため，地位や勤務状態を変えることにもつながることもある。雇用契約が仕事内容である職務や勤務地を限定した地域限定の雇用契約や職業，職種で選ぶ欧米式の職務限定の雇用契約もあるが，日本ではまだ多くが勤務地を特に限定しない総合的な雇用契約である。企業は，配属先の異動として部署や勤務地を代えることは適材適所をみながら行う。企業は原則として自由に人事異動を命じることができるが，実際には，業務上の必要性がないのに合理的な予想範囲を著しく超える異動と判断される場合は，拒否することもできる。

雇用形態は，日本の場合は，新卒一括採用で長期に生涯働く方針が多いが，欧米の場合は，正社員でも数年ごとの短期契約に基づくことが多い。雇用形態には，派遣労働者，契約社員（有期労働契約），それ以外に，業務委託（請負）契約を結んで働いている人，自営型テレワーカーなどがあるが，欧米では同一労働・同一賃金で時給が同じで決定権なども同じであることが多い。

日本でも2020年4月から同一労働・同一賃金の実現のため非正規労働者か正規労働者かどうかにかかわらず，同じ労働に従事する者は同じ賃金を受け取るという原則になった。派遣元は労働者の賃金を決める際に，派遣先と①均等・均衡方式，②労使協定方式のどちらかを選ばなくてはならない。均等・均衡方式は，派遣元事業主が，派遣労働者の賃金を決める際において，派遣先で同じ職務に就いている従業員の賃金と比較して決定することを求めるものである。労使協定方式は，労働者の過半数が所属する労働組合と派遣元企業の間で待遇に関する労使協定を結び決めるのだが，労働組合がない場合は，労働者の過半数を代表した者と労使協定を結ぶ。両者とも均等・均衡方式と同様に同一労働同一賃金ガイドラインにそって，派遣労働者の均等・均衡を確保する必要がある。

2015年改正労働派遣法施行後は，同じ部署に派遣できる期間は一律3年になった。改正労働派遣法においては，3年経過後は，派遣先企業に直接雇用することを促進するか，人材派遣会社で無期雇用契約を結ぶか別の派遣先企業を紹介しなければならならない。労働者派遣とは，労働者が人材派遣会社との間で労働契約を結んだ後，派遣元が派遣先の企業に労働者を派遣する。賃金は一度，派遣元を通して支払う。契約社員は，期間の定めのある労働契約であるが，労働者との合意により契約期間を定め延長が可能であるが，いつまでも延長できるわけではない。上限は主に3年で，契約期間の満了によって労働契約は終了しなければならない。

3．労使・裁量労働

日本では時間で働くという概念で定時に出社，定時に帰宅または，残業して帰宅するのが一般的である。定時を過ぎたら残業代が発生する。

一方，裁量労働制とは，労働者が雇用者と結ぶ労働形態で労働時間を管理する制度で，労働時間を実労働時間ではなく一定の時間とみなす制度のことで，労働時間と成果・業績が必ずしも連動しない職種において適用され，あらかじめ労使間で定めた時間分を労働時間とみなして賃金を払う形態である。労働者は，仕事の進め方を自分で管理できるメリットがある。しかし，出退勤時間の制限が無い代わりに実労働時間に応じた残業代は発生しない。

日本の雇用の特徴である終身雇用制，年功賃金制，労働組合などは，未だに多くの大企業にみられる日本の雇用体質である。新規学卒者の一括採用は残っているが数年で退社する大卒者が増えている。企業内では，研修後，配置され，労使問題が起きれば労働組合が対応することが多い。

労使とは労働者と使用者のことで，労使関係とは，労働者と使用者との関係のことを指す。それは，労働者個人と使用者との関係である個別的労使関係と，労働組合と使用者との関係である集団的労使関係とに，分けることができる。また，労使協定とは，労働者と使用者との間で締結される協定のことである。

4．賃金・報酬・評価

(1) 報酬制度

人的資源管理には，採用，配置，評価，報酬，能力開発などがあるが，報酬，評価はモチベーションを上げる重要な制度である。

例えば，欧米の成果主義賃金制度が日本でも導入されつつあるが，この成果主義賃金制度が有効に機能すれば，従業員のモチベーションが高まり，企業も活性化する。しかし，この制度を間違って使うとモチベーションが下がることになる。

そもそも報酬制度は，社員に対して企業が求める期待や行動をした場合，その貢献に対して人件費を配分していくための仕組みである。企業側は，経営方針や人事方針，社員数や年齢の構成と人件費の見通し，評価方法，社員の能力などを考慮して制度をつくることが大事である。

具体的には，主に評価制度，等級制度，報酬制度に分けられ，業績や行動を評価したものである。それにより等級や報酬が決まるが，等級制度は，企業が設定された等級があり，各等級のレベルにより，求められる行動，役割や権限があり，立場が明確になる。報酬制度は，給与や賞与などを決定する制度で，評価制度や等級制度などの評価結果に基づいて賃金を決める。

(2) 金銭的・非金銭的報酬

報酬には金銭的報酬と非金銭的報酬があり，金銭的報酬は月給や賞与，福利厚生，退職金，年金等がある。

一方，非金銭的報酬は会社側から褒めて認めてもらう「承認」や本人にやりがいのある仕事への挑戦の機会を与えたり，裁量や権限の付与などの役職への昇進などを指す。

金銭的報酬に関しては，日本企業は，給与の運用として年功を重視するスタイルと成果を重視するスタイルがある。中でも給与の種類としては①生活給，②職能給，③職務給，④役割給がある。

① 生活給は，明治時代からさかのぼって使われていた歴史があるが，扶養家族の生活費を基準に算定され，年齢，家族構成など固定給のことであり，「私生活に関するもの（家族手当，住宅手当など）」や，「転勤等に関するもの（地域手当など）」のことである。

② 職能給とは，社員の能力を基準に賃金を支払う賃金制度で，その能力には，知識や経験，技能や資格などに加えてリーダーシップ・協調性・ストレス耐性などの潜在能力も含まれる。勤続年数に応じて，区分・序列化される。

③ 職務給は，仕事内容を基準に賃金を支払うことをいうが，営業職や事務職など仕事，業務の種類により金額が決まる。

④ 役割給は，役職がランクで区別された役割等級制度である。

上記のように分かれている報酬制度であるが，単に報酬を上げるだけではモチベーションが上がらないこともあり，また，常に報酬を上げていると企業は人件費の割合が増えて利益が残らなくなる。そのため，非金銭的報酬制度も整備する必要がある。

承認や成長機会のための仕事内容を与えるといった非金銭的報酬は，社員の努力を経営者の目指す方向と合致させることでモチベーションを調整することになる。

バブル崩壊後の1990年以降，経営環境が変化する中，成果主義を取り入れる会社が増えた。しかし，欧米の成果主義的な報酬制度は，目先の利益にこだわり中長期計画を軽視，チームワークの衰退などの問題も発生した。結果，日本企業は年功序列の賃金制度も残しているが年齢とともに充分に報酬は上がっていない。報酬制度においては，人件費の見通しを慎重にかつ社員のモチベーションが上がるように適切に設定しなければならない。

5．モチベーション理論

モチベーションとは，人間の行動を喚起し，やる気がでる内的要因のことである。このモチベーション，動機づけは，何かの欲求によって心理的要因が動かされることである。そのために目標を掲げ，それを得るために，行動することを指す。

ワークモチベーションと呼ばれる仕事に関するモチベーションは，人的資源管理として重要な位置を示している。管理職にとっても非常に大事な役割である。従業員のモチベーションを引き出せれば企業の目的達成のためのプロセスが迅速に行われることになり，企業の発展につながる。モチベーション理論は，人のモチベーションが上がるプロセスを論じた。

以下の表のとおりモチベーション理論は，内容理論と過程理論がある。

表 6-1　モチベーション理論の内容理論と過程理論

内容理論	過程理論
内容に注目	プロセスに注目
間接的な影響	直接的な影響
マズローの欲求階層理論 ハーズバーグの衛生要因理論 マクレランドの達成動機理論 マクレガーのX理論Y理論	期待理論 公平理論 目標設定理論 アトキンソンの達成動機理論

出所：菊池他編（2018），150-151 頁，第 8 章などを参考に筆者作成。

モチベーション理論は，「何によって動機付けられるか」という動機付けの内容そのものに注目した内容理論と，「どのようにして動機付けられるか」という動機付けのプロセスに注目した過程理論に分けられる。

その中で人が何によって動機づけられるのかを研究したのがモチベーション理論（動機づけ理論）であるが，とりわけ，1950 年代に広く研究が行われ，マクレランドの欲求，マズローの欲求段階説，マクレガーのX理論Y理論，ハーズバーグの動機付け・衛生理論（二要因理論）などが登場した。これらは初期の古典的な理論であるが，現代でもこれらの理論をベースに展開されている。これらの初期のモチベーション理論の共通点は，動機づけの内容に関するものである。特にマズローの欲求段階説の理論は，マーケティングを行う上でも重要である。まずは，マクレランドの欲求理論を説明する。

6．マクレランドの欲求理論

マクレランド（David McClelland）は，1976 年，「達成動機（欲求），権力動機（欲求），親和動機（欲求）の３つの欲求が存在する」という理論で展開した。

(1) 達成動機（欲求）

達成欲求では，一定の標準に対して，達成し成功しようと努力することで，達成動機（欲求）は，成功しなければいられないという動機（欲求）を持つ人のことで，それは報酬よりも，自己実現のために努力をする。前回よりも上手に効率的にできるようにしたいという欲望のことを達成動機（欲求）とした。達成動機（欲求）の高い人は，良い成績を上げたいという願望があるため，キャリア形成，個人の成長，進歩に最大の関心があり，多少のリスクがあってもチャレンジし，その成果を欲しがる。

(2) 権力動機（欲求）

権力動機（欲求）は，他人に働きかけて，何か行動をさせたいという欲求で，権力動機（欲求）が強い人は，責任を楽しみととらえ，他人への影響力を持ち，管理下に置きたいという欲望が強い。地位や身分を重視している。

(3) 親和動機（欲求）

親和動機（欲求）は，親しくなり友好的かつ密接な対人関係を結びたいという人間関係の欲求である。他者との交友関係を強化したい人とそうでない人がいるが，強い親和動機（欲求）をもつ人は，他人からよく見られ，好かれたいという願望が強く，心理的な緊張状況には弱い。上記３つの動機（欲求）があるが，その後，４番目の動機（欲求）として，失敗や困難な状況を回避したい安定性を重視した回避動機（欲求）という概念も追加した。

7．マズローの欲求段階理論

次にマズローの欲求段階理論を簡単に説明する。

マズローの欲求５段階層理論とは，心理学者アブラハム・マズロー（A.

図 6-1　マズローの欲求段階理論

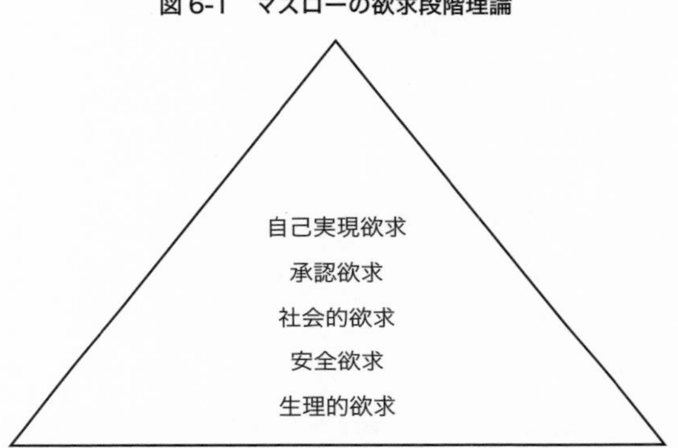

出所：梶浦編（2014），282 頁；Maslow（1954），p. 89 などを参考に筆者作成。

H. Maslow）が，人間の欲求を５段階に理論化したもので，人間には５段階の欲求があり，ひとつずつクリアして階段を上ろうとする。マズローは，アメリカ，ニューヨーク州に生まれた心理学者であるが，これまで人間心理学で主流だった精神分析と行動主義とは異なる第三の勢力の主体性・創造性・自己実現・成長促進といった肯定的な面を提唱した。

マズローの欲求段階説では，人はまず①生理的レベル，②安全的レベル，③社会的レベル，④自尊的レベル，⑤自己達成レベルの順序で欲求を上げていく。

① 生理的欲求

生理的欲求は，生きていくために必要な，基本的・本能的な欲求である。具体的には食欲，排泄欲，睡眠欲などで，生命の維持に必要最低限のものである。先進国では，この欲求階層にとどまることは，あまりないが，途上国などではまだ，この段階から抜け出せない状況の人もいる。

② 安全欲求

次の段階は，安全面での欲求である。安心・安全な暮らしへの欲求で，治安の悪い場所に居住地がある場合や病気や事故もある。

③　社会的欲求レベル

さらに上に上がると，社会的欲求は他者とかかわりたい，企業や組織に所属したいという欲求である。

④　承認欲求

承認欲求は，企業の上司や他社，社会から認められたいという欲求である。自分のキャリア形成に興味がわき，自分の能力を発揮し自己実現したいという欲求である。

⑤　自己実現欲求

自己実現の欲求は，さらに自分のなりたい理想像に近づくための欲求である。

８．ハーズバーグの動機付け

アメリカの臨床心理学者フレデリック・ハーズバーグ（Frederick Herzberg）が，モチベーション理論の中で定義したのが，人のやる気を構成する２つの要因である。２つの要因から人の満足・不満足を分析することから，二要因理論と呼ばれる。これは，職務満足および職務不満足を引き起こす要因に関する理論である。

1959年にフレデリック・ハーズバーグとピッツバーグ心理学研究所で仕事上の満足や幸福感，不幸や不満などの調査結果から分析し，人の欲求には２つの種類があり，行動に異なった作用を及ぼすとした。

人間の仕事における満足度は，「満足」に関わる要因（動機付け要因）と「不満足」に関わる要因（衛生要因）は別のものであるとする考え方である。ある特定の要因が満たされると満足度が上がるが，不足すると満足度が下がるという単純なことではなく，別なものだと考える。

（1）動機づけ要因

達成，承認，仕事，責任，昇進，成長の可能性などがあり，仕事の満足感を与えるものである。衛生要因とは人間の環境に関するものであり，仕事の不満を予防する働きがある。動機付け要因はより高い業績へと人々を動機づける要因として作用している。仕事の達成感，責任範囲の拡大，能力向上や自己成長，チャレンジングな仕事などが挙げられる。動機づけ要因を与えることにより，満足を高め，モチベーションを向上させることができる。

(2) 衛生要因

会社の方針と管理，監督，仕事上の人間関係，職場環境，安全保障，給与などがあり，不満に直接結びつきやすい。衛生要因には，会社の方針，管理方法，労働環境，作業条件（報酬・時間・身分）などがある。そのため，これらを改善すれば不満は解消されるが，しかし，それによってモチベーションを高めるとは限らない。

つまり，いくら衛生要因を満たしても，動機づけ要因を満たさなければ，満足度は上がらない。逆に，動機づけ要因が満たされていても，衛生要因が満たされなければ，不満が大きくなる。モチベーションを上げるには，動機づけ要因と衛生要因の両方を確認し，満足度を上げる要因を高め，不満が大きくなる要因を解消することが必要である。

人間には苦痛を避けようとする欲求と，心理的に成長しようとする欲求という別々の欲求があるとしており，仕事の満足感を引き起こす要因と不満を引き起こす要因は違うことを指摘している。不満要因（衛生要因）をいくら

図 6-2　モチベーション理論の体系

内容理論（モチベーションの内容に注目）

マズローの５段階欲求階層理論 ハーズバーグの動機づけ・衛生理論

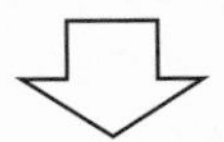

課程理論（モチベーションのプロセスに注目）

期待理論 アダムスの公平論

出所：菊池他編（2018），150 頁を参考に筆者作成。

取り除いても，満足感を引き出すことにはつながらず，仕事の満足感のモチベーションを上げるには「動機づけ要因」にアプローチしなくてはいけない。

初期の段階では，マクレランドの欲求理論，マズローの欲求階層理論，ハーズバーグの動機付け・衛生理論があり，次に目標設定理論，強化理論，公平理論，期待理論などが展開され，特に目標管理による報酬や人事制度などが理論のベースとなっている。

さらにマレーによる内発的モチベーションもある。昇進・報酬などの金銭的報酬や昇進，他社からの賞賛などの外的報酬を目的としている外的モチベーションと異なりわかりやすい内発的モチベーションにマズローの自己実現欲求がある。

それに対して，現代のモチベーション理論は，動機づけの過程を重視した過程理論となっている。内容理論では，行動の結果として得られる成果に対してどのような要因が影響を及ぼしているかという関係に注目しているが，過程理論では，人間行動の認知的・合理的側面をより重視して，どのようにしてやる気が起こるのか，その過程，プロセスに注目している。

過程理論には，期待理論と公平理論が代表的である。

９．期待理論

期待理論を最初に提唱したビクター・ブルーム（Victor H. Vroom）[2)]は，モチベーションは期待と誘意性の積の総和で決まるものとし，行動から成果が得られると信じている主観的な確率という期待に対して，誘意性はその行為により得られる報酬の魅力を指すとしている。さらに一次的な結果と最終的な結果との関連性もモチベーションに影響を与えるとしている。

それの過程理論をさらに発展したのが，L. W. ポーター（L. W. Porter）とE. E. ローラー（E. E. Lawler）によって提唱された期待理論がある。

モチベーションを高めるには，仕事の遂行に伴う報酬と，企業の目的と従業員の目的を一体化することが有効であるとする理論である。従業員の動機づけは，期待と主観的価値によるもので，つまり，業務をする努力により成果がでて，報酬も増えるだろうという期待である。報酬に対しては，主観的な価値の要因で決まる。この期待理論は，期待することで利益を最大にし，合理的な考え方によって人間は行動するということがベースにある。

表6-2　モチベーションの要素

努力の度合い	報酬の価値と報酬が得られる確率で決まる
業績の大きさ	努力の大きさによって，目標達成時に得られる
報酬の大きさ	業績の大きさによって決まる
満足の度合い	報酬の大きさによって決まる

出所：Porter and Lawler（1968），p. 165を参考に筆者作成。

モチベーションの度合いは，成果に対する誘意性，成果を上げると報酬に結び付くという主観に依存，努力により期待される成果があげられる可能性の主観的確率で決まる。満足の度合いでモチベーションが上下し，満足と報酬の関係性により努力の度合いが決まる。

期待理論は，目標設定することで，努力の結果，得られる報酬に価値や魅力があるため，その報酬に満足感が大きいほどモチベーションは高まり努力するという理論である。1968年に発表した著書*Managerial Attitudes and Performance*（Homewood, Ill., R. D. Irwin）において誘意性（報酬の魅力）と期待（努力が報酬になる）の度合いによって行動の仕方が決まるが，努力に対して能力や資質，努力の方向性が加わる度合いにより，内発的報酬（自己の達成感，成長感）と外発的報酬（昇給，昇進，承認，賞賛など）の度合いに影響を与える。業績に対し公正な報酬かどうかの客観的自己認識にも影響されるとしている。

上記のようにビクター・ブルーム，ポーター&ローラーは，モチベーションの生じる過程に着目して，複雑な仕組みを解明した。モチベーションは個人差があり，自分の努力が成果になり，何らかの報酬が得られ，それが自分に価値があればモチベーションがあがる，というものである。

10. 目標設定理論

目標設定理論とは，目標を設定することで，モチベーションを高め，業績も向上するという理論のことを言う。1968年，アメリカの心理学者ロック（Edwin A. Locke）とレイサム（Gary P. Latham）が提唱した。目標設定理論では，モチベーションの違いは目標設定の違いによってもたらされると考えられている。本人が納得している目標で，かつ明確な目標で，難易度の高い目標のほうが結果としての業績は高くなる，ということが確認された。

目標設定の考え方は，ドラッカーによって1950年代に目標管理（MBO：Management by Objective）という形で提唱されていることから，目標管理（MBO）の理論的背景として，目標設定理論が使われることが多い。MBOは管理職が部下を参画させ目標設定し，成果の度合いで報酬が決まり，目標達成欲求を満たすことでモチベーションが上がる。それに対して目標達成理論では，目標そのものを自分で立てることでモチベーションが上がる違いがある。

目標達成理論では目標をどの程度，高く設定することがいいのか，またどの程度，達成したのかを分析したところ，困難な目標を設定したほうが効果があり，それによりモチベーションが上がり，パフォーマンス水準も比例している結果になった。

① 高い目標設定

実現するためには，多くの努力を要する，または，短時間で達成しな

表6-3　効果的な目標設定

高い目標設定	簡単な目標よりも高い目標を設定する
明確な目標	具体的に明確化する
フィードバック	途中段階でフィードバックする

出所：Locke and Latham（2017），pp. 3-15などを参考に筆者作成。

ければならないなど困難度の高い目標を追求する人ほど，より高いパフォーマンスを上げた。

② 明確な目標設定

明確で具体性を持った目標は，曖昧な目標よりも高いモチベーションを上げるという効果があった。「精一杯努力して頑張れ」「出来るだけ多く」などというような抽象的な目標よりも，具体的に「月に10人に販売する」などの目標設定のほうが，個人の意欲と行動が喚起される。

③ フィードバックの効果

目標設定にフィードバックが組み合わされた場合には，効果がでている。達成された成果は，毎回，フィードバックされることで，設定した目標達成に向けてのサポートが得られることから，モチベーションをあげ効果を高める。進み方が遅い人には，早い時期にフィードバックを与えると，遅い時期にフィードバックを与えられる場合に比べて業績は向上する。

11．公平理論

モチベーションに公平感を持ち込んだのが，アダムス（J. Adams）である。1965年，アダムスによって提唱されたのが公平理論であり，自分の努力，経験，学歴，能力を含めた仕事量への投入量（Input）と，その対価である給与，賃上げ，昇進などの報酬（Outcome）」が「他者の仕事量や投入量（Input）と対価である報酬（Outcome）」を比較し，もし不公平さを感じる場合は，解消し公平となるように行動をとるように動機付けられる。公平とは自分の投入に対する報酬が，他者のそれと等しい場合のことであり，他人のインプットとアウトプットの比率を自分と比較して，公平感を感じた場合，モチベーションを向上させるとしている。従って，公平感は給与そのものの絶対額の大小ではなく，他人との比較によるものであり，それがモチベーションに影響するのである。不公平感を感じた場合には，他の比較する人を探してみたり，モチベーションが落ちたり，離職することにつながる。

しかし，このような場合，公平性は，主観的な判断によるため，管理者がそれをコントロールすることは難しい。

注

1）原著の *The Visible Hand: The Managerial Revolution in American Business* は1993年にBelknap Pressから出版され，名言「組織は戦略に従う」が生まれた。日本でも『組織は戦略に従う』（有賀裕子訳，2004年）が翻訳本として発売された。

2）ビクター・ブルーム（Victor H. Vroom）は，1964年，Wileyから著書 *Work and Motivation* を発行，日本では，1982年『仕事とモティベーション』（坂下昭宣訳，千倉書房）が発売された。この内容が期待理論と呼ばれるようになり，モチベーションが生じるプロセスを複雑な数式によって抽象化している。期待×誘意性である。

参考文献

伊藤健市・齊藤毅憲・渡辺峻（2010）『はじめて学ぶ人のための人材マネジメント論入門』文眞堂。
上野恭裕（2018）「企業の競争優位と経営資源論」『同志社商学』第69巻第6号。
梶浦雅己編著（2014）『はじめて学ぶ人のためのグローバル・ビジネス（改訂新版）』文眞堂。
菊池敏夫・磯伸彦（2019）「コーポレート・ガバナンスの新しい課題」『山梨学院大学経営情報学論集』第38巻第1号。
菊池敏夫・櫻井克彦・田尾雅夫・城田吉孝編（2018）『現代の経営学』税務経理協会。
櫻井雅充（2015）「SHRMの枠組みにおける従業員の位置付」『広島経済大学経済研究論集』第38巻第1号。
佐藤厚（2009）「人的資源管理論とキャリア論」『生涯学習とキャリアデザイン』法政学会71-97。
サンフォード・M.ジャコービィ著，鈴木良始・堀龍二・伊藤健市訳（2005）『日本の人事部・アメリカの人事部―日本企業のコーポレート・ガバナンスと雇用関係』東洋経済新報社。
ジェームス・C.アベグレン著，山岡洋一訳（2004）『新・日本の経営』日本経済新聞社。
庭本佳和・藤井一弘（2008）『経営を動かす』文眞堂。
山内麻理（2013）『雇用システムの多様化と国際的収斂』（慶応大学産業研究所撰書）慶應義塾大学出版社。
C.アージリス著，河野昭三監訳（2016）『組織の罠』文眞堂。
C.ジェームス，アベグレン著，山岡洋一訳（2004）『新・日本の経営』日本経済新聞社。
Adams, J. (1965), "Inequity in social exchange," in L. Berkowitz (ed.), *Advances in Experimental Social Psychology*, New York: Academic Press, pp. 267-299.
Jacoby, Sanford M. (2007), *The Embedded Corporation: Corporate Governance and Employment Relations in Japan and the United States*, Princeton University Press.
Locke, Edwin A. and Gary P. Latham (2017), *New Developments in Goal Setting and Task Performance*, Routledge.
Maslow, A. H. (1954), *Motivation and Personality*, New York: Harper & Brothers.
Murray, H. A. (1938), *Explorations in Personality*, New York: Oxford Univ.
Porter, L. W. and E. E. Lawler (1968), *Managerial Attitudes and Performance*, Homewood, 111: Richard D. Irwin, Inc.

索　引

事　項

【サ行】

人　名

【マ行】

【ラ行】

【ワ】

著者紹介

柏木 理佳（かしわぎ・りか）

豪州大学修了後，米国，香港の外資系企業勤務後，北京の首都師範大学の短期留学を経て，シンガポールにて会社設立に携わる。2007年豪州ボンド大学院MBA（経営学修士）取得後，嘉悦大学准教授へ。2015年桜美林大学大学院にて博士号取得。現在，城西国際大学大学院准教授。専攻：企業統治，経営戦略，国際企業研究，組織文化。

国際企業の経営行動

2020年4月15日　第1版第1刷発行　　検印省略

著　者　柏　木　理　佳

発行者　前　野　　隆

発行所　株式会社　文　眞　堂

東京都新宿区早稲田鶴巻町533
電　話　03（3202）8480
FAX　03（3203）2638
http://www.bunshin-do.co.jp/
〒162-0041 振替00120-2-96437

製作・美研プリンティング

定価はカバー裏に表示してあります
ISBN978-4-8309-5080-3　C3034